Nella stessa collana:

CSF intervista Franco Grillini, *Gay. Molti modi per dire ti amo*
CSF intervista Francesco Cossiga, *L'uomo che non c'è*
CSF intervista Sandro Bondi, *Io, Berlusconi, le donne, la poesia*

Claudio Sabelli Fioretti
intervista
Marco Travaglio

Il rompiballe

Aliberti editore

Promozione e distribuzione RCS Libri

Sede legale:
Piazza del Popolo, 18 00187 Roma
Tel. 06 36712863

Sede operativa:
Via Meuccio Ruini, 74 42100 Reggio Emilia
Tel 0522 272494 – Fax 0522 272250 – Ufficio Stampa 329 4293200

Aliberti sul web:
www.alibertieditore.it
www.alibertistudi.it
www.myspace.com/editorealiberti
www.myspace.com/alibertistudi
www.blogaliberti.it

info@alibertieditore.it

Il rompiballe

I
Un fenomeno editoriale nell'ostracismo generale

CLAUDIO SABELLI FIORETTI: *Fra un po' potrà vantare di aver doppiato la boa dei due milioni di copie vendute. Nel quasi totale silenzio della stampa italiana. Per la televisione, fino a poco tempo fa era un fantasma. Per gli italiani no. Gli italiani sono sempre accorsi in massa dovunque Marco Travaglio presentasse i suoi libri. Un fenomeno editoriale. Negli Stati Uniti gli avrebbero già dedicato la copertina di «Time» e di «Newsweek». In Italia i settimanali e i magazine dei quotidiani lo ignorano. Solo grazie a Michele Santoro è tornato in tv. E qualche timida apparizione adesso avviene anche sui quotidiani più che altro quando lo si vuole trascinare nelle polemiche. Marco, sta finendo il periodo del silenzio e dell'assenza?*

MARCO TRAVAGLIO: Vanto tuttora il minor numero di recensioni tra gli autori in classifica.

Continua l'ostracismo?

Solo due o tre giornali parlano dei miei libri. Forse si sentono obbligati. Sono quelli ai quali collaboro. «Espresso», «Repubblica», «Unità». E nemmeno sempre. Non ho mai visto una recensione dei miei libri sulla «Stampa» o sul «Messaggero». La stragrande maggioranza dei giornali italiani mi ignora.

E tu ne soffri.

Non me ne importa niente. Le recensioni non servono a nulla. Però quando penso che ci sono libri che vendono tre copie e hanno la recensione del grande quotidiano...

Ma perché?

C'è sempre questa idea che se qualcuno parla dei miei libri rischia qualcosa. Come è successo a Luttazzi.

Però nelle pagine delle classifiche non possono ignorarti...

E ci mancherebbe. Dovrebbero falsare le classifiche. Però nei piccoli pezzulli che commentano le classifiche si sorvola. Io entro fra i primi dieci, magari sono in testa, ma si parla di quello che ha scalato il ventinovesimo posto. Però non mi lamento. Va benissimo così.

Si tratta di censura politica?

No. Credo semplicemente che si tratti di antipatia, oppure di invidia. Oppure del fatto che non appartengo alle mafiette corporative. Per apparire nelle pagine culturali dei giornali è più importante essere amico del caposervizio che vendere centomila copie.

E tu non hai amici.

Non sono stato in Lotta Continua, né in Potere Operaio, né in Comunione e Liberazione.

Ti manca la lobby.

Non sono mai stato iscritto a niente. Magari qualcuno potrebbe farlo per *captatio benevolentiae.* Ma io che cosa posso dargli in cambio? Non conto niente.

I tuoi amici sono pochissimi, quelli di cui non parli male sono ancora meno. In televisione quelli che ti piacciono si contano sulle dita di una mano: Guzzanti, Luttazzi, Santoro...

Ma no, anche quelli che non fanno gli impegnati ma che fanno il loro lavoro tipo la Ventura, Mike Bongiorno, Pippo Baudo, Chiambretti...

Però non ti invita nessuno...

Si fa prima a dire quelli che mi hanno invitato negli anni in cui era vietato invitarmi. Due o tre volte Mannoni a *Primo Piano*, due o tre volte Gad Lerner...

Ti invitava anche Ferrara...

Ero in quota Gad Lerner. Tanto è vero che quando è andato via lui e sono arrivati prima la Palombelli e poi Luca Sofri e poi Ritanna Armeni mi hanno del tutto ignorato. Perfino quando qualcuno mi insultava. Quando Cossiga mi dette del «fascista di destra» in mia assenza, Ferrara commentò: «Adesso lei ci costringe a invitare Travaglio perché possa replicare». E poi, naturalmente, mai più sentito.

Altri che ti hanno invitato?

Funari a Odeon, Daniele Vimercati e David Parenzo a Telelombardia. Poi, quando è caduto il muro di Berlusca, mi hanno invitato la Ventura e Fabio Fazio.

Vespa?

Stai scherzando?

A me ha detto: «L'unico posto per incontrare Travaglio è il tribunale».

Ci siamo incontrati già in tribunale. Mi ha fatto causa e l'ha persa.

Che cosa avevi scritto?

Era un pezzo su lui e sua moglie, su un ufficiale dei Ros che aveva scoperto tra i primi la corruzione di alcuni giudici romani, aveva indagato su alcuni processi che aveva fatto la signora Vespa e seguito alcuni spostamenti della coppia. Insomma fecero causa e persero.

Vespa, al contrario di te, presenta i suoi libri in tutte le trasmissioni televisive e radiofoniche possibili...

L'ho visto anche a *Linea Verde*, in mezzo a un pratone, con Del Noce. Portavano il libro di Vespa a pascolare. Enzo Biagi per l'occasione parlò di «braccia rubate all'agricoltura». L'ho visto anche a *Elisir*, meraviglioso, con Mirabella. Era una puntata dedicata al mal di fegato o forse alla prostata. Vespa è coraggioso. Io non ce la farei ad andare a parlare di un mio libro in una puntata sulle viscere.

Andresti da Marzullo?

No. Non mi piace parlare di fatti miei e di questioni private. E poi mi metterei a ridere alla domanda se i sogni aiutano a vivere meglio.

E da Anna La Rosa?

Lei è sempre stata abbastanza affettuosa con me, a parte che lo è con tutti, ma non mi va il tipo di trasmissione che fa, questo salottino con i pasticcini. Da Vespa ci andrei per far saltare tutto, parlando di Andreotti e magari anche di sua moglie, la Iannini. Di far saltare tutto da Anna La Rosa non vale la pena, sarebbe un dramma residuale.

Dalla Bignardi ci andresti?

La Bignardi non mi piace. Non dico che intervista male. Non mi piace il personaggio. Quando hanno cacciato Luttazzi da La7 perché aveva attaccato Ferrara, è riuscita a dire che aveva ragione Luttazzi e aveva ragione La7 e che aveva ragione anche Ferrara. Tipico delle persone innamorate del potere. Non riescono mai a essere tranchant. Tengono annodati sempre tutti i fili. Non le sopporto.

Ti trovavi meglio con Prodi o con Berlusconi?

Con Berlusconi si avverte sempre un clima generale da regime. Ma il clima da regime si è prolungato anche con Prodi. Colpirne tre o quattro è servito a educarne moltissimi. Oggi la censura va avanti con il pilota automatico. Autocensura. Non c'è bisogno dei diktat bulgari. Sono diventati tutti obbedienti. Hanno paura della loro ombra.

Si diceva: «Se vince il centrosinistra Travaglio rimane disoccupato»...

E invece no. Ma non ci vuole una grande intelligenza per prevedere quello che succede nella politica italiana. Io l'avevo previsto *in toto* che cosa avrebbero fatto quelli della sinistra e infatti l'hanno fatto. Avevo la certezza matematica che non avrebbero risolto nessuno dei problemi dei quali mi occupo io.

Però all'«Unità» hai avuto momenti difficili. Antonio Padellaro mi disse che talvolta gli hai creato dei problemi...

A Furio Colombo di più.

Bilancio finale?

Io non ho mai avuto vita difficile all'«Unità». Sono loro, Furio e Antonio, che hanno avuto vita difficilissima per causa mia. Molto di più di Claudio Rinaldi, che aveva le spalle più larghe, quando mi faceva scrivere sull'«Espresso». Ebbe molte difficoltà perfino Indro Montanelli, che pure aveva spalle larghissime. Montanelli fu perfino convocato da Agnelli per causa mia.

Montanelli andò a rapporto da Agnelli?

Non ci andò, naturalmente. Ci mandò Federico Orlando. Cesare Romiti e Gianni Agnelli gli dissero che non dovevo più occuparmi del processo alla Fiat. Gli dissero anche che sapevano delle difficoltà di Montanelli con Berlusconi e che loro sarebbero stati felici di aiutarlo se fosse stato costretto ad andarsene.

E Montanelli?

Disse: «Travaglio continua a scrivere tranquillamente di Fiat». Per correttezza debbo dire che molto elegantemente Agnelli non reagì alla cosa. Insomma non gli tolse il saluto. Montanelli era unico. Successe la stessa cosa quando io, anni dopo, seguivo il processo Fiat per «Il Messaggero». Stessa telefonata. Stessa richiesta.

Stessa risposta?

Il direttore del «Messaggero» era Pietro Calabrese. La mia collaborazione finì lì.

Hai sempre creato problemi ai tuoi direttori…

E quindi mi sono potuto rendere conto delle differenze. Per esempio Guglielmo Zucconi, su richiesta dell'ufficio pubblicità, assediato dalla Fiat e dalla Fininvest, troncò la mia collaborazione. Io scrivevo editoriali di prima pagina. Mi mandò una lettera dicendo che per motivi di bilancio era costretto a interrompere il suo rapporto con me. Mi pagava centomila lire a pezzo. Gli risposi che capivo le difficoltà del «Giorno» e che ero disposto, per aiutarlo, a lavorare gratis finché durava il grave stato di crisi. Mi mandò una seconda lettera in cui diceva che per ragioni sindacali non poteva farmi lavorare gratis. Io conclusi con una lettera un po' dura: «Ho conosciuto dei tuoi coetanei che, proprio perché erano tuoi coetanei, se ne fregavano di tutto e di tutti. Tu sei di un'altra pasta. Mi vergogno per te».

Pretendi un po' troppo dai direttori.

Ho conosciuto direttori che non si sono appecoronati, infischiandosene dei diktat di Fiat e Fininvest.

Montanelli, Rinaldi, Padellaro, Colombo, Flores, Vimercati, Mauro, tu ai tempi di «Cuore».

Io non avevo problemi. Nessuno mi chiedeva niente.

Ma se fosse successo, conoscendoti...

Il tuo primo giornale?

«Il nostro tempo», quello diretto da Domenico Agasso e vicediretto da Mariapia Bonanate.

E poi Montanelli, «Il Giornale», «La Voce». Ti ricordi uno scoop?

Quando Craxi decise di parlare con i giudici e di raccontare la sua versione dei fatti e segretamente prese appuntamento con i magistrati della Procura di Torino e poi con Di Pietro, io lo scrissi per primo sul «Giornale». O anche le intercettazioni di Moggi. Sono stato io il primo a pubblicarle su «Repubblica».

E poi?

Sul processo Fiat ho fatto tutti gli scoop di questo mondo, ma era facile perché ero quasi l'unico che ne parlava. Monopolista assoluto del settore.

Tu sei ormai quello delle manette, quello che gode quando uno va in galera e piange quando esce...

Il primo a rompere con questo tormentone è stato Giuliano Ferrara quando uscì il libro che avevo fatto con il procuratore Maddalena. Ferrara si inventò una frase che non avevamo detto.

Quale frase?

«Le manette sono un momento magico». In realtà Maddalena spiegava che la custodia cautelare è un momento fondamentale per le indagini. Quando si mette dentro un colletto bianco, quello è talmente poco abituato a stare in carcere che pur di tornare a casa è indotto a tagliare i ponti con i suoi complici e a dire ciò che in stato di libertà non direbbe mai. Maddalena diceva questo per spiegare la famosa frase di Borrelli: «Non è che li arrestiamo per farli parlare, li scarceriamo quando hanno parlato».

Effettivamente sembrerebbe la stessa cosa.

Ma non lo è. Tu arresti uno perché la legge lo prevede in caso di pericolo di inquinamento delle prove. Se poi questo parla, fa venir meno il rischio di inquinamento delle prove e quindi tu devi metterlo fuori. Maddalena sosteneva, nemmeno tanto paradossalmente, che gli eccessi di Mani Pulite non fossero le carcerazioni ma le scarcerazioni. Maddalena diceva che li mettevano fuori troppo presto, e quindi regolarmente li dovevano andare a riprendere perché si scopriva che non avevano detto tutto. Dato che Ferrara è molto ignorante in materia di diritto e molto meno intelligente di quello che si dice, prese quella frase lì e ne fece un tormentone come se Maddalena e io fossimo convinti che è bello mettere le manette. È iniziata lì questa storia del manettaro.

Però effettivamente tu sei sempre fra quelli che auspicano la galera.

Per chi se la merita. Io sono per la certezza della pena. Tutti dovremmo esserlo. La pena ha un senso se viene scontata. Non ha senso che la scontino solo la povera gente e i terroristi.

Be', i terroristi...

Quelli che – più in generale – hanno ammazzato qualcuno, comunque, dovrebbero avere il buon gusto di stare zitti anche usciti di galera.

Fai un esempio.

Adriano Sofri. Essendo stato condannato per omicidio non può insegnarci chi è il suo prossimo. Il suo prossimo era il commissario Calabresi.

Ti ha dato dello squadrista...

Mi sembra per lo meno curioso che un signore condannato per omicidio dia dello squadrista a uno che non ha mai ammazzato una zanzara. Mi sembra curioso anche che gli permettano di farlo.

Si riferiva all'indulto. Al fatto che tu eri contrario.

E lui era favorevole, ovviamente. Visto che gli consente di uscire di galera tre anni prima. Chiamalo scemo. Si chiama conflitto di interessi quello! Mi dette del fascista, dello squadrista, disse che mi ero inventato un'intervista all'avvocato delle parti lese del processo sull'amianto, per fargli dire che l'indulto o l'amnistia avrebbero mandato in vacca i processi. Dopodiché l'avvocato delle parti civili, lui sì di sinistra, perché difende gratis centinaia di famigliari di morti per amianto, scrisse a Sofri e al «Foglio» dicendo: «Travaglio non s'è inventato un bel niente, quelle cose le ho dette e lui ha scritto esattamente quello che ho detto io». Naturalmente il molto democratico Ferrara e il molto più democratico Sofri non hanno pubblicato nulla.

Una volta mi dicesti che prima o poi avresti scritto un libro su Sofri...

Mi piacerebbe scrivere com'è che sono arrivati a condannarlo. I giornalisti che hanno seguito i suoi processi sono quasi tutti colpevolisti, anche quelli di sinistra. Si sono resi conto del perché Sofri è stato condannato. Si sono convinti che non c'è nessun complotto, che Marino non è stato pagato dai carabinieri, che non l'hanno condannato solo sulla parola di Marino ma sulla base di una serie infinita di riscontri. Bisogna conoscerli quei processi.

Va bene, ma il libro che dovevi scrivere?

Se fosse andato avanti l'andazzo del complotto e della sua innocenza avrebbe avuto senso fare un libro che dicesse: «Signori, fate quello che volete, graziatelo, non graziatelo, ma non venite a raccontare che è innocente perché non sta né in cielo né in terra». Ma ormai, grazie anche a questa nuova sensibilità che c'è per le vittime, e alla riabilitazione del commissario Calabresi, sono pochi quelli che sostengono la bufala del complotto contro Sofri. A nessuno viene più in mente di dire che aveva ragione lui e torto il commissario Calabresi, che non è stato lui a farlo ammazzare e che per riparare a un errore giudiziario bisogna graziarlo. Oltretutto Sofri è fuori.

Insomma niente libro.

Non mi piace prendermela con gli sconfitti. Credo che Sofri oggi sia culturalmente e politicamente molto più sconfitto di qualche anno fa, quando tutta la lobby era riuscita a far passare la tesi dell'innocenza. Oggi Sofri mi sembra ai margini. Ma se qualcuno dovesse tornare alla carica con questa minchiata, allora varrebbe la pena di scriverlo il libro.

Sofri scrive sui giornali sui quali scrivi tu, «Unità», «Espresso», «Repubblica»...

Scriveva sull'«Unità» di Veltroni, non su questa. E non sull'«Espresso». Scrive su «Repubblica» ma anche sul «Foglio». Comunque ci sono due lobby che vanno alla grande in Italia, Lc e Cl. Guarda caso hanno anche la sigla che si specchia. Sono le due lobby che comandano nei giornali. Si intrecciano perfettamente fra di loro e Ferrara è il punto di intersezione. È iscritto a tutte e due. Comunione e Liberazione è la gramigna del mondo cattolico, Lotta Continua è la gramigna della sinistra. Anzi, come dice Aldo Ricci, «Lotta Continua è la P2 della sinistra». Aggiungerei che Lotta Continua è la P2 della sinistra e anche della destra adesso.

Anche Deaglio, anche Gad Lerner, anche Erri De Luca? Erano di Lotta Continua...

No. Loro in questi anni hanno saputo prendere posizioni controcorrente su tante cose. Non hanno fatto branco.

Metti insieme Cl e Lc...

Sono la stessa cosa. Hanno la stessa avversione per lo Stato, per le regole, per la legalità, per la magistratura, fanno parte entrambe dei tarli culturali che abbiamo in Italia. Hanno delle responsabilità drammatiche per il disastro dell'Italia. Lotta Continua, prima, combatteva le istituzioni sulle piazze. Adesso è molto più pericolosa perché le combatte da dentro i giornali, dal Parlamento, dalle stanze del potere. Quando il potere combatte la legalità è molto peggio di quando lo fanno i *descamisados* in piazza.

II

La coda di paglia della sinistra inciucista

I più grossi casini che hai causato all'«Unità»?

Forse la polemica delle pezze al culo.

«L'Unità» non c'entrava...

Non direttamente. Io ero all'assemblea nazionale dei girotondi per partecipare, a titolo personale, a un dibattito su "Sinistra e questione morale". Era l'estate 2005 e già i dalemiani cercavano di fare la pelle a Furio Colombo.

Perché?

Perché Colombo era riuscito a risollevare «L'Unità» che i dalemiani avevano affossato e chiuso. E perché era l'antitesi quotidiana della linea inciucista di D'Alema, versione light del berlusconismo. E perché li costringeva tutti i giorni a fare opposizione o almeno a vergognarsi di non farla.

Ogni volta che cercavano di tendere la mano a Berlusconi, arrivava «L'Unità» e gli rovinava il gioco.

Torniamo alle pezze al culo.

All'assemblea dei girotondi io ricordai che non c'era soltanto Berlusconi impelagato nella questione morale. Anche la sinistra aveva avuto i suoi piccoli scandali, la Missione Arcobaleno, la privatizzazione della Telecom... Ricordai che Guido Rossi aveva parlato, a proposito del governo D'Alema, di «una merchant bank dove non si parla inglese». Aggiunsi che, in quel periodo, persone che avevano le pezze al culo passarono dalle parti di Palazzo Chigi e ne uscirono miliardarie.

Non c'era da meravigliarsi della reazione violentissima.

C'era da meravigliarsi che abbiano attaccato «L'Unità» che non c'entrava nulla. Attaccarono Colombo e chiesero la mia testa. Colombo disse: «Travaglio dice quello che vuole. Quando scrive su "L'Unità" me ne occupo io, quando parla in giro è una persona libera». Ma aggiunse anche che io, pur avendo esagerato nei toni, non avevo torto su certe disinvolture della sinistra.

Quando parlavi di pezze al culo intendevi Claudio Velardi...

Non mi riferivo a lui in maniera specifica, comunque io non intendevo dire che loro erano andati a Palazzo Chigi e avevano rubato.

Poteva anche sembrare quello il significato.

Era un discorso un po' più serio. Volevo dire che in quella stagione di ubriacatura si erano messi in testa di inventare il nuovo capitalismo italiano. Avevano pensato: "I capitani coraggiosi li creiamo noi". Li volevano produrre in laboratorio e avevano preso quei due raider, Gnutti e Consorte, più Colaninno per portare via la Telecom a Bernabè, trasformandola in quel colabrodo che poi è diventata. La loro filosofia era: "Dato che il capitalismo dei salotti buoni ce l'ha con noi, ne creiamo uno noi a nostra immagine e somiglianza".

Per la verità sembrava, allora, che tu li accusassi di opportunismo...

Anche. C'è chi ha messo a frutto le conoscenze, i crediti accumulati a quei tempi a Palazzo Chigi, per diventare da consigliere a imprenditore. In quel senso pensavo anche a Velardi. Ma non intendevo dire che avessero messo i soldi in tasca.

Loro lo hanno pensato.

Perché hanno la coda di paglia. In ogni caso io non avevo fatto alcun nome. Claudio Velardi mi ha querelato senza che io lo avessi nominato.

Come è finita la querela?

Ho vinto quella civile, quella penale è ancora aperta.

Velardi e gli uomini dello staff di D'Alema non erano contenti di questa immagine di merchant bank che si era appiccicata loro addosso.

Però erano loro che si comportavano da merchant bank. Io ho pubblicato su «Micromega» le intercettazioni delle telefonate che Velardi, quando stava a a Palazzo Chigi, capo staff di D'Alema, faceva con Cirino Pomicino. Cirino gli chiedeva di aiutare il suo amico Franco Ambrosio a salvarsi dal crac.

E Velardi?

Tu ti saresti aspettato che gli dicesse: «Guarda che io sono il portavoce del presidente del Consiglio, non posso fare nulla e non faccio nulla per le bancarotte dei tuoi amici». Invece gli disse: «Adesso chiamiamo il San Paolo, chiamiamo questo, chiamiamo quell'altro, lo aiutiamo». E Cirino: «Quando? Domattina?» «No, stasera stessa». La vedi, no, la merchant bank al telefono che si mette in moto? Il fatto è che si erano messi in testa di dirigere il capitalismo italiano da Palazzo Chigi. Un disegno folle di D'Alema, molto dirigista e molto poco riformista. Parlava di liberismo, ma in realtà si comportava come in Unione Sovietica. Sai dove ha gli uffici Velardi adesso?

Dove?

Nello stesso palazzo di Berlusconi. Ma i suoi sono molto più lussuosi di quelli di Berlusconi. Il Cavaliere è un pezzente, a confronto.

Una volta tu mi hai detto: «In tv certe cose non si dicono, non si possono dire». Che cosa non si può dire in tv?

Il tabù più inviolabile è il rapporto tra la mafia e la politica. È una cosa sulla quale non si scherza. In televisione non si è potuto dire bene, pienamente, con dovizia di particolari che una sentenza ha stabilito che Andreotti è stato mafioso fino al 1980 e si è salvato per la prescrizione. E non si è mai potuto parlare decentemente dei rapporti Berlusconi-Dell'Utri. Un altro tabù è che non si può dire che la Mondadori appartiene a Berlusconi solo perché è stata scippata ai suoi legittimi proprietari, De Benedetti-Caracciolo-Scalfari, corrompendo un giudice tramite Previti.

Hai detto: «Se uno diventa direttore del Tg1 conosce i suoi limiti. Longanesi diceva: "Certe onorificenze non basta rifiutarle. Bisogna non meritarle"». Ce l'avevi con Gad Lerner...

Ho rivalutato Gad Lerner alla grandissima.

Gli imputavi di non avere mandato in onda la famosa ultima intervista di Borsellino su Berlusconi. Disse che non era una notizia.

Gad è uno dei giornalisti più bravi che ci siano, sapeva benissimo che era una notizia, ma è uno di quelli che quei terreni lì non li ha mai voluti affrontare, non li conosce nemmeno tanto bene i temi della mafia, non sono il suo interesse primario. Secondo me è stata una paraculata quella di dire: «Non era una notizia».

Ma di lui dicesti: «Ha tanti pregi ma non il coraggio».

Fu una frase ingenerosa che mi rimangio. Gad ha avuto il coraggio di dimettersi da direttore del Tg1. Credo che sia stato l'unico. Di solito ci vogliono le cannonate per cacciarli. Si è dimesso per una cosa che non era colpa sua.

Gad ha scritto su «Vanity Fair»: «Non c'è travaglio in Travaglio. Non conosce il dolore del mondo. Tutti colpevoli allo stesso modo, tutti impuniti».

Quando lessi quell'articolo non mi piacque per niente. Pensai che era una critica ingiusta. Io spero che non la riscriverebbe. Si riferiva alla mia posizione sull'indulto, come se io fossi un feroce sadico che vuole tenere la gente dentro. Io sono per la certezza della pena, non per il sadismo. Lo so anch'io che chi sta in galera in Italia paga il doppio perché oltre alla privazione della libertà prevista dalla legge, c'è anche la tortura di una situazione orribile che dipende dallo stato delle carceri. Io penso che le carceri dovrebbero essere molto più confortevoli. Ma penso anche che se uno deve andare in carcere deve andarci. Non si possono svuotare le carceri di tanto in tanto solo perché sono piene. Sarebbe meno diseducativo depenalizzare tutti i reati invece che dire: «È reato ma tanto se lo fai non ti succede niente». Gad non è riuscito a capirlo ma spero che adesso si sia reso conto che l'indulto era fatto per Previti, non per il sovraffollamento delle carceri, altrimenti non ci avrebbero inserito tutti i reati per cui nessuno stava in galera.

Però è vero che le carceri sono sovraffollate e che la vita là dentro è un inferno.

Del sovraffollamento delle carceri non frega niente a nessuno. Tanto è vero che oggi sono sovraffollate esattamente come due anni fa, ma non se ne parla più. Perché? Perché ormai Previti l'ha fatta franca.

Insomma, Gad Lerner?

Averne di direttori di Tg1 come Lerner, visto quello di cui è stato capace Riotta negli ultimi anni.

Adesso te la prendi con Riotta?

Fa persino venire nostalgia di Mimun. Non credevo che potesse arrivare a un tale livello. Se la tira da americano "del Kansas City", come Alberto Sordi, perché si mette in maniche di camicia. Ma io l'ho visto linciare Grillo trattandolo come non credo che abbia mai trattato nemmeno Al Capone.

Beppe Grillo non è la Madonna. Lo si può criticare...

Beppe Grillo potrà avere tutti i difetti di questo mondo. Ma una cosa è la critica, un'altra cosa è il linciaggio.

Se ti offrissero la direzione di Tg1, l'accetteresti?

Certo, con lo spirito con cui parteciperei a un *Porta a Porta.* Lo farei per un giorno e quel giorno godrei. Sapendo che è il primo e l'ultimo.

Mi sa che non te lo offrono il Tg1.

Farei un Tg1 in cui racconterei tutto insieme, in una botta sola, quello che non è stato raccontato negli ultimi dieci anni.

Ti portano via con la camicia di forza.

La stessa cosa farei a *Porta a Porta* se Vespa avesse il coraggio di invitarmi.

Non ha il coraggio di invitarti.

Penso anch'io. E fa benissimo, dal suo punto di vista.

Chi ti ha invitato? Marzullo?

Parecchie volte. Ma non ci sono mai andato.

Floris?

Floris è il vespino di sinistra. Fa lo stesso gioco che fa Vespa ma dall'altra parte. È abilissimo nel trasformare in opinione quello che invece è un fatto. È abilissimo a buttare in dibattito il rapporto debito-Pil per cui tu hai le due versioni del rapporto debito-Pil, quella di sinistra e quella di destra. Ma il rapporto debito-Pil non è né di sinistra né di destra, lo stabilisce un parametro economico infallibile. Non c'è né il rapporto debito-Pil di Tremonti né il debito-Pil di Bersani. Un po' come se facessero la *Domenica Sportiva* e discutessero su come è finita la partita. Uno che dice: «Secondo me ha vinto la Juve» e l'altro che dice: «No, secondo me ha vinto il Milan». Ecco, lui è abilissimo in questo, nel buttare in politica tutto, anche le notizie e i fatti. Però ho visto che è un po' cambiato da quando gli ho fatto un po' di mobbing su questa cosa qua.

Cioè?

Da quando è uscito *La scomparsa dei fatti* e ho scritto un paio di pezzi sull'«Unità», adesso quando qualcuno si azzarda a dire che Andreotti è stato assolto, lui interviene e dice: «No, a essere precisi c'è qualcuno che sostiene che in realtà...» Forse teme che altrimenti il giorno dopo gli arrivi addosso io.

Mentana?

A Mediaset è vietato invitarmi.

Terra *ti aveva invitato.*

E hai visto come è finita.

Racconta.

Non voglio dare addosso a Toni Capuozzo, anche se appartiene anche lui alla nota lobby di Lotta Continua. Ma è il sistema che va raccontato.

Dai.

Dovevano fare una puntata speciale di *Terra* su Craxi. Avevano interpellato un sacco di gente ma non avevano trovato nessuno che volesse andare davanti alle telecamere a dire che Craxi era stato condannato e quindi era un latitante. Allora hanno telefonato a me. Mi chiamò una gentile redattrice. Le dissi: «Sai con chi stai parlando? Sai che cosa pensa di me Confalonieri? Sai che tutte le volte che parlo di lui, Confalonieri mi chiede venti milioni di euro? Sai che non potrai mandare in onda nulla di quello che dirò?»

Lo sapeva?

Mi disse: «Toni è d'accordo». Feci i salti mortali e trovai il tempo in una giornata pazzesca. Lei era tutta contenta. Io come al solito l'avvertii che le cose che stavo dicendo non me le stavo inventando ma erano state scritte dalla Cassazione. Non aggiungevo e non toglievo nulla. E feci la lista delle condanne di Craxi. Lei ribatté: «Craxi non può essere ridotto alle sue condanne». E io: «Certo, infatti Craxi è anche quello che salva Abu Abbass dopo che ha sequestrato una nave e ucciso un ebreo paralitico, Craxi è quello che si schiera con i generali argentini contro la democrazia inglese in occasione della crisi delle Falkland, è quello che paragona Arafat a Mazzini, quello che non ha mai privatizzato nemmeno un canile e oggi passa come un socialdemocratico della scuola moderna, quello che governava le partecipazioni statali come se fossero casa sua, Craxi è quello che ha sempre schierato l'Italia su una politica estera levantina e terzomondista, è quello che ha moltiplicato il debito pubblico che stiamo ancora pagando».

Ci sei andato leggero.

Lei era tutta contenta. Io le dissi di nuovo: «Guarda che non andrà mai in onda questa roba qua». E lei: «Non preoccuparti. Sono contenta di essere io quella che ti porta per la prima volta in Mediaset». Doveva andare in onda la domenica. La domenica mi chiamò: «Sono mortificata. Mimun ti ha tolto dal programma». Poi mi chiamò Capuozzo e disse: «L'intervista andava benissimo ma è intervenuto Mimun. E, sai, non potevo mica fare una battaglia per te...»

E tu?

«Ma certo, ma quando mai si fa una battaglia? Solo, la prossima volta, non fatemi perdere tempo, lo sanno tutti che il mio nome per Mediaset è come l'aglio per i vampiri». Feci una dichiarazione all'Ansa su quello che era successo e Capuozzo, chiamato dall'Ansa, disse che non era assolutamente vero, che Mimun non c'entrava assolutamente niente e che lui aveva preso quella decisione di sua iniziativa perché si era reso conto che io non avevo titolo per dire quelle cose di Craxi, perché ai tempi di Craxi ero un ragazzino.

Eri un ragazzino?

Quando Craxi è stato condannato, e cioè nel 1999, io avevo trentacinque anni e avevo già due figli.

Come ti spieghi la faccenda?

Almeno tre minuti per dire che Craxi era stato condannato forse avrebbero potuto mandarli in onda, invece mi sono reso conto che la ferocia dei berluscones è pari all'arrendevolezza dei centrosinistri. Il centrosinistra ha già chiuso la partita da secoli, per cui continuano non solo ad andare a Mediaset, ma anche a lisciare il pelo dei berluscones, a rassicurarli tutti i giorni. Quelli invece continuano con la loro violenza censoria. A me non fanno altro che querelarmi. Mi hanno fatto dieci-quindici querele, le hanno perse tutte, tranne una in primo grado. Vanno a strascico. Pensano: "Gliene facciamo cento, con la speranza di vincerne una o due, finché 'L'Unità' si stufa di ospitarlo e smette di farlo scrivere".

Hai anche cause per i libri?

Per i libri no. I berlusconiani leggono poco.

III
Perché ho perso la causa con Previti

Si può essere di sinistra e pubblicare con Mondadori?

Mondadori è una casa editrice. Se fai un romanzo, sei uno scrittore normale, perché no? Ma se sei un politico non sta né in cielo né in terra di andare a pubblicare per il capo dello schieramento opposto, soprattutto se ti danno un anticipo decisamente superiore alla cifra che potrai prendere come totale dei tuoi diritti d'autore.

Stai pensando a D'Alema, naturalmente.

D'Alema per pubblicare con Mondadori ha preso un anticipo di quasi mezzo miliardo di lire, se è vero quello che scrisse Claudio Rinaldi sull'«Espresso». Per giustificare una cifra del genere avrebbe dovuto vendere duecentocinquantamila copie. Ma i libri dei politici come è noto non li compra nessuno. La tragedia di certi libri non è che li pubblica Mondadori, ma è che tu hai scritto una cosa che è pubblicabile con Mondadori. Io, anche volendo, non potrei pubblicare nulla di quello che ho scritto ultimamente, per la semplice ragione che quello che c'è dentro i miei libri non è compatibile con la Mondadori. Perché io scrivo sempre che la Mondadori apparterrebbe a un altro se non fosse stato corrotto un giudice tramite Previti.

Quando tu e Beppe Grillo fate la lista degli indagati e dei condannati presenti in Parlamento, subito ti fanno notare che anche tu sei stato condannato, in una causa contro Previti.

Ho perso una causa civile, ho pagato dei danni, ma non ho commesso reati. Perdere una causa civile non vuol dire essere un pregiudicato. Poi ovviamente se tu ha un incidente con la macchina rischi una condanna e sei tecnicamente un pregiudicato, ma non hai derubato nessuno, non hai sparato a nessuno. Se il tuo balcone casca in testa a un signore e ti condannano per omicidio colposo, non hai corrotto un giudice.

Non tutti i reati sono uguali.

Ma è ovvio. Quando mi dicono che anche io sono stato condannato la mia prima risposta è: non è vero, ho perso una causa.

E la seconda risposta?

La seconda risposta è: io non sono candidato al Parlamento. Sono fatti miei. Diventano fatti di tutti quando uno si occupa del destino di tutti. Ma privatamente io non devo rendere conto a nessuno della mia fedina penale. Sono cavoli miei. E comunque è immacolata.

Che cosa avevi fatto a Previti? Perché hai perso la causa?

Per colpa dell'avvocato che assisteva «L'Indipendente», con cui allora collaboravo. Era il 1995. Quella sentenza lì, un giorno o l'altro, la faccio pubblicare a mie spese. C'è scritto che se avessi dimostrato che Previti era sotto processo, avrei scritto la verità. E Previti era sotto processo. Ma l'avvocato non esibì le carte che lo dimostravano. Quindi mi diedero torto. Che Previti fosse sotto processo era indiscutibile, ma toccava all'avvocato dimostrarlo e non lo fece. Allora stiamo parlando del fatto che io sono una vittima di questo processo perché, avendo ragione, per colpa di persona che non mi ha difeso, ho pagato quaranta milioni di lire a Previti. Spero che si sia comprato le aragoste e gli siano rimaste sul gozzo.

E Grillo? Lui ha avuto una condanna penale.

Perché ha avuto un incidente stradale nel quale morirono delle persone. Quando si candiderà, cosa che secondo me non farà mai, valuteremo se sia opportuno che uno che ha avuto un incidente stradale, uscendone tra l'altro dopo mesi di ospedale anche lui, possa fare politica o no, e se ci sia differenza tra uno che ha avuto un incidente stradale e uno che ha rubato miliardi.

C'è differenza?

Secondo me sì. Però si può valutare. Il problema si pone se e quando Grillo si candida. Per quel poco che lo conosco, credo che non si candiderà mai. Dopodiché, per completare la risposta di prima sul "manettaro", io non ho mai detto che queste persone che si candidano al Parlamento nonostante i loro guai con la giustizia debbano andare in galera. Io ho detto che devono starsene a casa. Per mandare a casa qualcuno non occorre la magistratura, basta la politica, basta che il partito dica: nel mio club quelli condannati non entrano. Per me ci vuole molto meno di una condanna per mandare a casa uno: è sufficiente un abbraccio con un mafioso.

Ti contestano anche di aver fatto degli errori...

Infatti, appena me ne accorgo, scrivo delle letterine all'«Unità» nelle quali mi scuso con le persone sulle quali ho scritto una cosa imprecisa. Sbagliare è inevitabile. L'importante è correggersi, ammettere l'errore, scusarsi.

Ayala, Casini, Fallica...

Per Ayala si trattò di un errore dell'Ansa che io ripresi. Per Fallica si trattò di un caso di omonimia. Anche per Casini si trattava di omonimia ma l'errore era contenuto in un saggio dell'Einaudi sull'immunità parlamentare dove si diceva che il relatore sull'abolizione dell'immunità parlamentare era Pier Ferdinando Casini. Invece era

Carlo Casini, quello del movimento per la vita, parlamentare Dc.

Due Casini diversi anche se simili.

Talmente simili che anche Pier Ferdinando votò per abolire l'immunità parlamentare. Stiamo parlando di errori di nessuna portata. Non capisco perché si facciano solo quei tre esempi, come se avessi fatto solo quei tre errori. Io ne ho fatti anche altri. Scrivo una media di due-tre pezzi al giorno, è umanamente impossibile non sbagliare mai.

Ti sei scusato con Socci.

Per chiudere una causa che ci opponeva da anni. Ma non perché avessi scritto una cosa non vera. Non era un pezzo di cronaca, era un pezzo dove lo prendevo per il culo, per *Excalibur*, che non faceva ascolti, che era un programma inguardabile. Gli ho scritto una lettera per dirgli che oggi non ha più nessun senso litigare. Aveva senso allora, dopo il diktat bulgaro, quando l'avevano messo al posto di Santoro, quando era chiaro che Santoro era stato cacciato non perché non andava bene, ma per motivi politici. Oggi come oggi che motivo ho io di attaccare Socci? Socci è stato scaricato pure da quelli che avrebbero dovuto difenderlo. Gli ho dato atto che quella era una polemica legata a una contingenza politica che è cambiata. Rileggendola oggi mi viene da dire: vabbe', avevo calcato la mano. Oggi io non ce l'ho più con lui. Socci è una persona gradevole.

Mario Giordano dice che non è vero che tu sei un discepolo di Montanelli. Dice che eri berlusconiano.

Io non mi sono mai considerato discepolo di Montanelli. Ogni volta che qualcuno dice di me "allievo prediletto di Montanelli", io smentisco perché non esistono allievi prediletti di Montanelli, lui non ha mai deciso chi era prediletto e chi non lo era. Io sono stato uno dei tanti che Montanelli ha assunto. E uno dei pochi che Montanelli ha riassunto una seconda volta alla «Voce». Ha fatto pure la prefazione a due miei libri, mi voleva bene, ma non ero l'unico.

Tu eri un suo fan.

Ben prima di lavorare con lui. Da piccolo sognavo di fare il giornalista al «Giornale» di Montanelli, non in un giornale qualunque, solo in quel giornale lì. Mi ritengo privilegiato per esserci riuscito. Non mi proclamo allievo di Montanelli, perché qualcuno potrebbe intendere che ho imparato qualcosa da lui o che gli somiglio. Credo che nessuno possa dire di somigliare a Montanelli. Indro è un caso unico nella storia. Giordano francamente è meglio che non parli di Montanelli, perché a tutto c'è un limite. Dirige il giornale che è stato fondato da Montanelli. E basta un rapido raffronto fra i due giornali per capire che Giordano deve tacere. Il suo «Giornale» sta al «Giornale» di Montanelli come «Tiramolla» sta al «New York Times».

Ma tu eri berlusconiano?

Balle spaziali. Ho sempre votato contro Berlusconi.

Lo ha scritto anche Giancarlo Perna. Parla di quando Berlusconi era imprenditore.

Ma non esistevano i berlusconiani all'epoca.

Perna dice che nel dibattito tra Berlusconi e De Benedetti tu stavi dalla parte di Berlusconi. Che eri anticomunista, insofferente verso i buonismi e i perdonismi sinistrorsi. Che in politica sembravi stare a cavallo tra il Msi e la Dc più conservatrice. Che eri un tradizionalista sostenitore della messa in latino.

Perna pensa che io mi sia buttato a sinistra. Mentre io sono anticomunista oggi come lo ero allora. Però non c'è più il comunismo, e quindi non mi sembra il caso di perdere tempo. Sarebbe come schierarsi contro i cartaginesi. Ma ogni giorno constato i danni che ha fatto il comunismo in Italia, infatti abbiamo Giuliano Ferrara. Adriano Sofri. Sandro Bondi. Questi sono i peggiori crimini del comunismo.

Ci sono i Ds, figli ed eredi del comunismo...

E sono molto molto molto peggio di certi ex-democristiani. Io preferisco cento Prodi, mille Rosy Bindi, duemila Scalfaro a tutti gli ex comunisti riverniciati. I danni che ha fatto D'Alema e che sta facendo Veltroni sono incalcolabili. Se abbiamo Berlusconi è grazie a loro e alla loro finta opposizione che ha rivitalizzato e resuscitato il Cavaliere.

Gli ex comunisti sono sempre pronti a qualunque compromesso.

Va bene, sei sempre anticomunista.

Trovo abbastanza stupefacente che ci siano degli anticomunisti che hanno cominciato a esserlo da quando è caduto il muro di Berlino. Comodo abbattere i muri quando sono già caduti. Combatti le macerie, vinci anche, è facile!

E la storia della guerra fra Berlusconi e De Benedetti?

Non mi sono mai posto il problema, non mi sono mai occupato di questioni finanziarie. Io facevo articoli di storia, di esteri, di politica. Non ricordo di aver mai scritto di Berlusconi.

Sicuro?

Anzi no! Mi sono occupato una volta di Berlusconi ed è stato quando il direttore di «Il nostro tempo», Domenico Agasso, mi dette da recensire il libro di Guarino e Ruggeri, *Inchiesta sul Signor tv*, Editori Riuniti, che è il primo libro che collega Berlusconi a Mangano e alla P2. Scoprii delle cose su Berlusconi che non sapevo minimamente. Feci la recensione di quel libro lì, che poi Berlusconi denunciò, beccandosi la falsa testimonianza. Quindi l'unica volta che mi sono occupato di Berlusconi, me ne sono occupato per recensire il libro più tremendo che sia mai uscito. E ho parlato bene perché era un bel libro. Giordano racconta balle ma d'altra parte giustamente, dirigendo «Il Giornale»...

Giordano era di sinistra ...

Era il prototipo del cattocomunista. Era antimilitarista, antiamericano, antioccidentale, andava in Africa con i missionari. Tipico esponente della sinistra cattolica. Caritas, francescani, quella pappetta lì. Io lo prendevo sempre in giro, lo chiamavo "disertore", perché io ho fatto il militare, lui l'obiettore di coscienza.

Era simpatico?

Sì, era un ragazzo semplice. Non lasciava intravedere la doppiezza successiva. Adesso mi raccontano cose che non voglio neanche sapere, nel senso che ho interrotto proprio i rapporti, il Giordano che conoscevo non esiste più. Non voglio conoscere quello nuovo, è come avere un fratello drogato.

E la messa in latino?

Continuo a pensare che sia molto più bella la messa in latino di quella in italiano, continuo a pensare che il gregoriano sia molto più bello delle chitarre.

Sei proprio di destra!

Se non fosse Berlusconi il capo della destra, io starei lì! In Francia voterei a occhi chiusi per uno Chirac, un Villepin.

Per Sarkozy no perché è un tamarro. In Germania voterei Merkel sicuro. Mi piacevano molto Reagan e la Thatcher.

In Spagna?

Dopo le balle di Aznar sulla bomba di Al Quaeda avrei votato anch'io Zapatero. Prima della destra e della sinistra c'è il fatto delle persone perbene e di non prendere per il culo gli elettori.

Ma perché, se sei di destra, le sinistre radicali, i girotondini e la sinistra di base ti amano tanto?

Perché la mia destra non esiste. È immaginaria. È la destra liberale. Cavour, Einaudi, De Gasperi, Montanelli. Tutti morti.

IV

AD *ANNOZERO* NON VUOLE VENIRE NESSUN LEADER POLITICO PERCHÉ CI SONO IO

Hai fatto per molti anni il precario nel «Giornale» di Montanelli. Come mai Montanelli si prestava a questa illegalità?

Non ero un precario. Ero un collaboratore pagato a pezzo. Non lavoravo dentro la redazione, lavoravo a Torino, andavo tutti i giorni nell'ufficio del corrispondente, che era Beppe Fossati, quando c'era da scrivere scrivevo, quando non c'era da scrivere non scrivevo. Guadagnavo, scrivendo tantissimo e pagandomi il telefono, circa un milione di lire al mese. Diciamo che ero un apprendista senza contratto.

Stavi per andare a «Repubblica».

Quando «Repubblica» mi offrì l'assunzione nel 1992 andai da Montanelli e glielo dissi: «Direttore, mi fanno un contratto, mi offrono quattro milioni al mese». Mi stavo per sposare. Ma avrei accettato anche la metà pur di restare al «Giornale» di Montanelli. Lui mi disse: «Non ti preoccupare, va' in amministrazione e parla, vedrai che ti sistemano». Io andai in amministrazione dal mitico Crespi, direttore generale del «Giornale», un torinese, il quale mi disse: «Vada pure a "Repubblica" perché non abbiamo posti disponibili». Il giorno dopo mi arrivò una telefonata dell'ufficio di Crespi. Crespi mi passò Montanelli: «Marco, sono qua davanti a Crespi, abbiamo sistemato tutto, devi venire domani a firmare, ti passo il dottor Crespi». E Crespi: «Ma che cosa aveva capito Travaglio!»

Che cosa avevi capito?

Avevo capito quello che aveva detto! Ma Montanelli nel frattempo lo aveva cazziato.

Recentemente hai litigato con Filippo Facci...

È ossessionato da me. O forse mi attacca sperando che io gli risponda facendogli un po' di pubblicità.

Tu non gli rispondi?

Sì, ma non lo nomino. Lo chiamo "quello con le mèches"... Una volta ha detto che mi ero inventato una telefonata fra Dell'Utri e Mangano, che invece esiste anche in formato audio. Solo che lui parla di cose che non conosce. Un'altra volta ha scritto che ero stato avvistato a cena con Caselli. E che due giorni dopo avevo scritto un articolo sulle candidature in Sicilia. Insinuando che Caselli mi avesse ispirato.

Eri stato a cena con Caselli?

Certo. Primo, non riesco a capire per quale ragione mi dovrei giustificare per essere stato a cena con Caselli. Secondo, c'erano pure Lorenzo Fazio, il mio editore, e Davigo: era la sera della presentazione del mio libro. Terzo, la cena non era due giorni prima, ma un mese prima dell'uscita del pezzo sulla Sicilia. Quarto, erano state appena sciolte le Camere, quindi nemmeno si potevano immaginare le liste. Quinto, non ho bisogno di andare a cena con Caselli per sapere chi sono i candidati in Sicilia.

Sesto, tutto sembra senza senso.

Facci è imbarazzato per il fatto che io quasi tutti i giorni sparo contro il centrosinistra sull'«Unità», mentre lui non ha mai accennato neppure a una timida critica a Berlusconi sul «Giornale» di Berlusconi.

Lo licenzierebbero il giorno dopo.

È vero, ma non è quella la ragione per cui Facci non lo fa.

E qual è la ragione?

Lui è innamorato di Berlusconi e spara su chiunque non lo sia. Lui è un killer e io sono un giornalista. Due mestieri diversi.

Killer è una parola grossa. Fammi un esempio.

Io ho scritto contro la Fininvest, la Fiat e le cooperative rosse. Lui si occupa solo di sparare contro Di Pietro e contro il centrosinistra migliore. Per fare il giornalista devi occuparti di tutti, imparzialmente e nello stesso modo. Altrimenti sei un killer.

Facci si considera un Travaglio di destra.

Il Travaglio di destra c'è già, sono io. Lui non è né Travaglio né di destra. È un berluscraxiano. Uno dei tanti.

Facci non mi ha parlato male di te quando l'ho intervistato, anni fa.

C'è stato un periodo in cui, pur dicendocene di tutti i colori, mantenevamo dei rapporti. Ma poi lui ha cominciato a scrivere che io sono una canaglia. A quel punto ho detto: canaglia lo dici a tua sorella, basta con i messaggini e chiudiamo il rapporto.

Vi mandavate messaggini?

C'era un rapporto non di affetto, non di amicizia, ma di conoscenza. Ci si vedeva ai dibattiti. Io l'ho anche difeso quando la Rai gli impedì di venire ad *Annozero* perché lui aveva detto che la Rai era una cloaca. Quando Mediaset mi ha censurato, lui non ha detto una parola. Anzi, in uno degli ultimi dibattiti che abbiamo fatto insieme, a La7 da Piroso, ha detto che ha fatto bene. Facci è un difensore della censura. Applaudì persino quando cacciarono Biagi dalla Rai.

C'è chi rifiuta di partecipare ai dibattiti quando ci sei tu?

Tutti. Ad *Annozero* non vuole venire nessuno, in gran parte perché ci sono io. Non è venuto mai nessun leader, il leader più importante che è venuto è Casini, figurati. Non sono mai venuti Fini, Berlusconi, Bossi, D'Alema, Veltroni. Solo leaderini di partitini. Ogni tanto mi chiamano dalle televisioni, tipo Luca Telese, tipo David Parenzo, e mi dicono: «Facciamo un bel Travaglio contro tutti». Poi i "tutti" si defilano.

Dicono che sei uno che sguazza nelle carte ...

E dove dovrebbero sguazzare i giornalisti? Alcuni mi rimproverano anche di avere l'archivio, come se avere un archivio fosse un peccato.

Quella volta che a Cortina d'Ampezzo...

I coniugi Cisnetto avevano ereditato dal libraio Sovilla una presentazione del nostro libro *Mani Pulite*, già organizzata con Davigo e Caselli. E cominciarono a dire che non si poteva presentare *Mani Pulite* senza contraddittorio. Io dissi che a noi faceva solo piacere. E loro proposero De Michelis, uno che era stato fatto condannare da Davigo, il quale fece notare che non poteva dibattere con un suo imputato. Falcone poteva parlare di mafia anche se non c'era Riina dall'altra parte. Che senso ha questa strana interpretazione del contraddittorio? Ci proposero altri nomi, ma sempre pregiudicati, indagati, condannati. Dissi: «Ma non lo trovate proprio un incensurato?»

Lo trovarono?

Non lo trovarono. E cominciarono a dire che noi non accettavamo il contraddittorio. Figurati, io faccio dibattiti con chiunque, il problema era che dei giudici non potevano confrontarsi per ragioni deontologiche con i loro imputati. Io ho fatto dibattiti televisivi con tutti i pomicini e i demichelis di questo mondo. Questi almeno hanno il coraggio di venire a confrontarsi. Quelli della Prima Repubblica vengono a discutere. Quelli della Seconda sono esperti nel fuggi-fuggi.

Hai detto: «Bertinotti mi pare il più lontano di tutti dal comunismo».

Quando vedo Bertinotti, l'ultima cosa che mi viene in mente è il comunismo.

Anche tu con la storia del cachemire?

Io non credo che uno, per essere comunista, debba essere povero, oppure vestito di stracci oppure macchiato di olio da meccanico. Non necessariamente. Penso che Asor Rosa e Flores D'Arcais siano sicuramente di sinistra, pur avendo due cognomi a testa. Le cose che dicono, e che fanno, mi sembrano coerenti con il loro essere di sinistra. Bertinotti, per le frequentazioni che ha e per la vita che fa, non mi sembra né uno di destra né uno di sinistra.

Che cosa ti sembra?

Mi sembra "uno". Uno che ha superato ampiamente questi problemi, che sta bene dove lo metti, si porta su tutto. Evergreen. La sera delle ultime elezioni stava all'Hard Rock Café di via Veneto. Poi si meraviglia se gli operai corrono a votare Lega.

Una volta mi avevi detto: «Leggo Ferrara per sapere cosa dirà Berlusconi». Ancora adesso?

No, c'è stata una svolta patologica. Ferrara è oltre Berlusconi. Anche se, sulle cose importanti, quelle che riguardano la bottega di Berlusconi, lui è sempre il più lucido difensore degli interessi del Cavaliere.

Ma Berlusconi ascolta Ferrara?

Mica sempre. Berlusconi per anni ha trascurato il fatto che con i "comunisti" è molto più facile mettersi d'accordo che con gli altri. Solo recentemente ha capito che con D'Alema ci si può mettere d'accordo per un piatto di lenticchie, e allo stesso modo con Veltroni. Negli inciuci di questi anni, c'è un *do ut des* asimmetrico: il "do" è evidente, ed è quello che la sinistra dà a lui; il "des", quello che lui dà in cambio alla sinistra, non si è mai capito bene che cosa sia. L'inciucio è sempre in perdita per la sinistra. Ma gli ex comunisti hanno una coda di paglia enorme e sono disposti a fare accordi con chiunque pur di farsi legittimare. Ferrara questo lo sa perché è un ex comunista, e quindi sul cinismo degli ex comunisti può scrivere intere biblioteche. Quindi ha sempre consigliato l'inciucio a Berlusconi, anche se Berlusconi poi l'inciucio alla fine non lo fa mai. Flirta, dialoga con la sinistra ottenendo tutto quel che gli fa comodo, ma non ci va mai a letto perché al momento buono gli viene sempre fuori questa avversione uterina dei comunisti. Comincia a urlare e a scassare tutto.

Veltroni non ha mai nominato Berlusconi durante la campagna elettorale.

Può essere stata una strategia comunicativa interessante: se tu non rispondi mai alle cazzate di Berlusconi vuol dire che tu detti la linea delle cose che vuoi dire senza farti imporre l'agenda da quell'altro. Ma non nominare Berlusconi non deve voler dire non parlare mai di Berlusconi e dei danni che ha fatto e che farà. Puoi anche non nominarlo, ma devi dire che il suo conflitto d'interessi è antidemocratico, che i suoi rapporti con la mafia vanno chiariti, che le sentenze dei tribunali, della Corte Europea vanno eseguite. Non cazziare Di Pietro perché lo dice. Bisogna pur ricordare che la giustizia va fatta funzionare, cosa che ovviamente a Berlusconi lo rovina; che la televisione va sottoposta a una legge antitrust, cosa che a Berlusconi lo rovina.

Quante querele hai sommato fino ad adesso?

Non le ho mai contate. Ho sempre una ventina-trentina di cause in corso. Da quando ho vinto quelle relative a *Satyricon* e a *L'odore dei soldi* le richieste sono molto meno onerose. Comunque continuano imperterriti Confalonieri e Dell'Utri. Basta nominarli e fanno causa. È impressionante.

Hai perso solo quella contro Previti?

No, anche una civile contro Confalonieri e Mediaset. Non so perché, «L'Unità» ha deciso di pagare e non fare appello.

Padellaro dice: «Travaglio fa torto alla sua intelligenza quando non usa l'ironia».

Io sono uno che si incazza, quindi a volte non ho quella serenità che sarebbe giusto avere. Quando Confalonieri dice, parlando della Gentiloni, una legge moderatissima, che la sinistra sta preparando Piazzale Loreto, mi incazzo e scrivo un pezzo intitolato: «Piazzale Loreto, magari!». Non sarebbe male appendere qualche televisione a un distributore di benzina ogni tanto, visto che lo chiede da anni la Corte Costituzionale e adesso la Corte Europea. Quando è troppo è troppo, e allora magari mi viene fuori un pezzo dove invece dell'arma dell'ironia uso quella dell'indignazione.

E Padellaro?

Ovviamente discutiamo dei contenuti e della forma dei miei articoli. Spesso mi fa notare che non si possono prendere a calci nel culo i lettori dell'«Unità» e quindi non si può dare l'impressione che il centrosinistra è uguale a Berlusconi. Lui sa che io non lo penso. Io non ho mai pensato neanche che D'Alema o Veltroni siano uguali al Cavaliere. Magari qualcuno del centrosinistra vorrebbe essere come Berlusconi, ma non ci riesce, non ha la statura, non ce la fa. Quando un mio pezzo può dare quell'impressione, Padellaro mi fa notare la cosa. Io sono piuttosto sensibile al principio di autorità. Sono convinto che il direttore di un giornale è responsabile di tutto quello che esce.

«L'Unità» non va bene come qualche anno fa.

Va molto bene quando è all'opposizione. Fare un giornale vicino al governo è sempre difficile. La gente ti compra quando ha delle motivazioni forti. Quando hai un governo "amico" e allo stesso tempo addirittura questo governo non accende gli animi, ma fa un po' pena, la gente si intristisce. E non compra «L'Unità». Ma ora che è tornato Berlusconi, uno dei pochissimi giornali che gliele canterà sarà «L'Unità». E riprenderà quota.

Quando sembrava che gli Angelucci stessero comprando «L'Unità» tu hai scritto un pezzo contro di loro...

Diciamo una cosa. Oggi «L'Unità» è l'unico giornale in Italia in cui si può scrivere anche contro il padrone. Io ho scritto anche contro quelli che ci garantivano il finanziamento pubblico. Quanto agli Angelucci, il conflitto di interessi non può esistere solo per Berlusconi. Se uno ha le cliniche, è il caso degli Angelucci, e le cliniche sono convenzionate con le Regioni, e nelle Regioni ci sono i politici, il proprietario delle cliniche non può fare l'editore. Se lo fa è male, anche se non è Berlusconi.

Tu avevi già scritto qualcosa sugli Angelucci...

Quando Giampaolo Angelucci ebbe un arresto per corruzione. Sarebbe stato strano se io avessi smesso di parlare di lui solo perché si era interessato all'«Unità».

Padellaro ti ha detto qualcosa riguardo all'articolo contro i nuovi possibili editori?

No. Penso che condividesse la tesi che sarebbe stata una sciagura, anche perché un giornale edito dagli Angelucci l'avevamo già visto. «Libero». Anzi, due: c'è pure il «Riformista».

E se gli Angelucci fossero diventati i tuoi nuovi editori?

Probabilmente mi avrebbero cacciato e poi avrebbero cacciato anche Padellaro e al posto suo avrebbero messo Polito. Così si dice. L'idea che Polito diventasse direttore dell'«Unità» faceva abbastanza ridere.

C'è un altro tuo "padrone" che ha avuto guai con la giustizia. È stato addirittura in galera anche se per un solo giorno: Carlo De Benedetti. Ha anche patteggiato una condanna.

L'ho scritto in *Mani Pulite.* E riscritto in *Mani Sporche.* Fu arrestato dalla Iannini, la moglie di Bruno Vespa. C'era una richiesta d'arresto per tre persone: Letta, Galliani e De Benedetti. Lei arrestò De Benedetti e si astenne su Galliani e Letta perché – disse – uno dei due era un amico di famiglia... De Benedetti fu arrestato a Roma per tangenti che aveva già confessato a Milano. Era una cosa un po' strana. L'aveva ammesso lui che pagava le tangenti ai politici. Poi a

Roma il processo è andato a farsi benedire e alla fine è stato assolto. Credo che abbia patteggiato a Ivrea, due pene pecuniarie, una per insider trading e una per falso in bilancio. Per l'Ambrosiano è stato assolto in Cassazione.

Insomma, ha avuto anche lui i suoi problemi giudiziari...

L'ho sempre scritto. Ma il problema è quando gli editori costringono i loro giornali ad attaccare i magistrati, cosa che mi pare De Benedetti non abbia mai fatto. La Procura di Milano l'ha fatto condannare in primo e secondo grado per l'Ambrosiano. Non mi pare che «Repubblica» abbia attaccato la Procura di Milano.

Il Parlamento è pieno di indagati. Ma perché la gente li vota?

C'è chi vota consapevolmente i condannati e gli indagati perché sa che sono indagati e condannati. Una parte dell'elettorato li vuole. È il frutto di una politica e di un'economia malate. Ci sono molte aree del Paese in cui, per lavorare, devi prendere le scorciatoie, le vie traverse, prostituirti, avere la tessera del partito.

Come ai tempi del fascismo.

Ai tempi del fascismo ne dovevi avere una sola. Adesso tante. Succede in Calabria, Basilicata, Campania, Sicilia. Il grosso dei posti di lavoro sono gestiti direttamente o indirettamente dai partiti, quindi voti per chi ti ha dato il posto, o per chi ti ha dato gli appalti, oppure voti qualcuno che poi ti darà il posto o gli appalti. E quindi non ti conviene votare per una persona perbene, perché quella i favori illeciti non te li fa. Devi votare per un mascalzone, che i favori illeciti te li fa.

Quindi voti un delinquente in quanto tale. Se non fosse un criminale, non avrebbe il tuo voto.

Esatto. Poi c'è un voto ideologico di chi ritiene più importante che uno sia di sinistra o di destra, piuttosto che onesto. Berlusconi sarà quel che sarà, ma comunque ce l'ha coi comunisti. Se qualcuno ce l'ha a sua volta con i comunisti ha interesse a votare per lui. Poi ci sono quelli che non sanno le cose. Magari sanno che Berlusconi ha fatto qualche impiccio, ma nessuno ha mai spiegato loro che Berlusconi ha fregato una casa editrice a un altro, grazie a una sentenza comprata da Previti con quattrocento milioni di lire. Questi sono quelli che mi fanno più incazzare perché non è colpa loro: è colpa nostra se non sanno le cose.

Anche se i telegiornali tacciono, i tuoi libri e le adunate di Grillo qualche informazione la danno.

Anche per questo io faccio i libri, perché la gente possa andare a votare sapendo le cose. Grillo ha avuto il grosso merito di rendere popolare e diffusa questa conoscenza che prima avevano solo quei pochi che si possono permettere di comprare un libro e di capirlo. Da allora è cambiato tutto. Alle ultime elezioni, quando hanno fatto le liste, hanno dovuto tutti dire: facciamo liste pulite. Poi non era vero, ma nessuno è andato a vedere se le liste erano effettivamente pulite. Hanno tenuto fuori qualche specchietto per le allodole, i cosiddetti "condannati rinunciabili", tipo Pomicino. Berlusconi può scaricare Pomicino, ma Dell'Utri no. Mastella può lasciarlo a casa, ma Sciascia (quello che pagava le tangenti alla Finanza) no.

Comunque qualcuno è rimasto a casa.

In questa tornata elettorale ci siamo persi contemporaneamente, per vari motivi, Mastella, Boato, Pomicino, Vito, Biondi, Iannuzzi e De Mita. Vuol dire che bisogna insistere, c'è speranza.

Perfino Bondi ha dichiarato: «Basta con i condannati».

E lì c'è stato un attimo di smarrimento in Forza Italia: come, anche noi? Allora lui ha precisato: tranne i perseguitati politici. Ah, vabbe', allora siamo a posto!

V

MOGGI FA BELLA FIGURA PERCHÉ CHI LO INTERVISTA È UNO SCENDILETTO

Qual è il tuo libro che ha venduto di più?

L'odore dei soldi, scritto con Elio Veltri, ha venduto più di trecentomila copie. Paradossale: è il libro più noioso e meno mio. Era una collazione di documenti.

Poi?

Il secondo in classifica è *Regime*, duecentocinquantamila copie. Il terzo è *La scomparsa dei fatti*, centottantamila copie.

Quante presentazioni di libri fai all'anno?

Dalle duecento alle duecentocinquanta all'anno. Quasi sempre due al giorno, a volte tre. Ma solo il mercoledì e il venerdì. Qualche volta il lunedì o il martedì, in zone vicino a Torino.

Ti pagano?

Mai. Io ho il mio lavoro. Spesso mi chiedono quale sia il mio cachet e io rispondo: zero. A volte c'è un'associazione che organizza un ciclo di conferenze con un budget e mi offrono qualcosa, mai più di trecento euro. Allora dico: va bene, se l'avete previsto, va benissimo. Ma io non chiedo mai niente. Tranne viaggio, vitto e alloggio. So di autori che chiedono duemila euro. Questo non lo concepisco. Se io faccio un libro, la mia gratificazione è che il libro venga comprato e letto. Se mi invitano a presentarlo sono loro che fanno un favore a me.

Ormai sei diventato famoso. Che impressione ti fa essere riconosciuto e corteggiato?

All'inizio mi riconoscevano e mi guardavano male. Nei cinque anni di governo Berlusconi sempre meno, a mano a mano che lui faceva disastri. Ricordo benissimo certe facce in treno: ah, quello è quel bastardo. I tassisti romani guardavano lo specchietto e scuotevano la testa per disapprovazione. Poi da *Annozero* in poi l'atteggiamento è cambiato. Prima ero conosciuto esclusivamente come quello che sparava su Berlusconi, pensavano che io sapessi fare solo quello. Dopo *Annozero* hanno scoperto che parlo anche di Bassolino e della monnezza, della Iervolino, di Cuffaro, di Mastella, della Calabria. Ho difeso De Magistris contro il centrosinistra, ho difeso la Forleo contro D'Alema. Allora si sono resi conto che non sono un killer: sono un rompicazzo, quello che vuoi, però a 360 gradi.

E gli autografi? I saluti? I ringraziamenti?

A me danno fastidio quelli che vogliono farsi la foto. Anche se poi non riesco a dire di no e la faccio. Molti mi fermano per dirmi: «Ho visto che lei è equanime, imparziale». Questo fa molto piacere. O quelli che mi dicono: «Votavo Berlusconi, poi ho letto le sue cose e adesso ho capito chi è». Stupendo. Oppure quelli che dicono: «Ero di sinistra perché pensavo che lì ci fossero i migliori, adesso invece ho aperto gli occhi e sto a guardare».

Quindi sposti i voti...

Sì, ma da tutte e due le parti.

E quelli che ti dicono: «Bravo, continui così, non cambi mai»?

Io rispondo: «Anche lei». Perché la gente può fare moltissimo. Se Grillo fosse andato in piazza a elencare i condannati, e in piazza non ci fosse stato nessuno, Grillo sarebbe sparito. Ma in piazza c'erano centomila persone a Bologna e altrettante a Torino, un milione e mezzo nelle altre piazze collegate. Ha raccolto trecentocinquantamila firme la prima volta, un milione la seconda, sempre in un giorno. La gente non deve continuare a lamentarsi dicendo: «Noi non possiamo fare niente». Noi possiamo fare moltissimo.

Minacce?

Cazzate. Qualche lettera e qualche telefonata di insulti. Paradossalmente ne ricevevo di più quando mi occupavo della Juve e del doping.

Se tu intervistassi Moggi oggi, che domanda gli faresti?

Gli chiederei: «Se fosse esistito un altro Moggi nel calcio italiano, uno che avesse fatto le stesse cose che faceva lei, ma contro di lei, lei non gli avrebbe messo le mani addosso?»

Moggi ti ha querelato per il libro Lucky Luciano? *Raccontasti che rimediava signorine allegre agli arbitri.*

Il libro uscì anonimo. Ma Moggi sapeva che uno dei tre autori ero io. E non mi ha querelato.

Perché anonimo?

Gli altri due autori erano giornalisti sportivi e non volevano rovinarsi la carriera. Nei giornali sportivi, se seguivi la Juve e ti mettevi contro Moggi, per te era finita. Moggi chiedeva e otteneva che ti mandassero a seguire la serie B.

Qual è stata l'intercettazione peggiore per Moggi?

Quella dove telefona a Pairetto, uno dei due designatori, e gli indica gli arbitri addirittura per le amichevoli. E guarda caso sono quelli che vengono poi designati. Ma anche quella dove telefona al comitato di vigilanza dei procuratori e dice che suo figlio deve essere assolto da un procedimento disciplinare perché, se parla lui, li fa cacciare tutti quanti. Per non parlare di quella dove parla con Bergamo, l'altro designatore, per concordare le griglie del pre-sorteggio.

Ho letto da qualche parte che Moggi ti stava simpatico.

No, semmai il contrario. A me questi qua stanno anticipatici quando comandano. Quando cadono in disgrazia, mi diventano meno antipatici.

Come mai si parla di Moggi e non di Giraudo? Erano responsabili entrambi...

Giraudo ha avuto la stessa sanzione sportiva di Moggi. Ma Moggi ha adottato una difesa berlusconiana. Spara a zero, dice cazzate, fa libri di memorie, va in televisione, scrive sui giornali. Giraudo ha adottato una difesa andreottiana. È sparito, non ha fatto dichiarazioni, non ha costretto i giornali a occuparsi continuamente di lui. Moggi, appena accendi la tv, lo vedi che pontifica.

Però non fa brutta figura. Si difende bene.

Non fa brutta figura perché ci sono degli scendiletto che lo intervistano. E molto spesso si mettono d'accordo sulle domande da fare e non fare. Altrimenti lui non ci va.

È stato da Mentana, dalla Bignardi, dalla Ventura...

Il peggio è stato da Floris e dalla Bignardi. La Bignardi non sa neanche come è fatto un pallone.

A me è sembrata la migliore. Dalla Ventura…

Ma la Ventura fa un talk show, non una trasmissione giornalistica. Secondo me non avrebbe dovuto invitarlo, perché è amico suo, lo conosce da una vita e non poteva fargli il culo all'improvviso. Però quello della Ventura è un peccato veniale. Mentre questi altri giornalisti…

Hai mai chiesto un'intervista a Berlusconi?

È inutile. Conosco già la risposta.

E non l'hai mai incontrato in un talk show?

È un'impresa impossibile. Berlusconi sceglie i suoi interlocutori, lo sai benissimo. E rifiuta quelli che non gli piacciono.

È capitato che ti abbia "ricusato"?

Sì, a *Iceberg*, condotto da Daniele Vimercati su Telelombardia. In quell'occasione Berlusconi pretese anche di leggere prima le domande e di depennare quelle che non gli piacevano. Daniele mi disse: «Non mi sono mai vergognato tanto in vita mia, non lo rifarò mai più». Capisco che lo abbia fatto un'emittente locale. La tragedia è quando lo fanno a *Porta a Porta* e *Ballarò*. Cioè sempre.

Quali sono i giornalisti preferiti da Berlusconi?

A parte i suoi dipendenti, che sono la stragrande maggioranza, credo che siano i direttori del gruppo Caltagirone, Napoletano, Orfeo. E Giancarlo Mazzuca del «QN»: lo stesso Mazzuca che stava alla «Voce» e faceva il barricadero contro Berlusconi e adesso si è fatto eleggere con Forza Italia, lo stesso Mazzuca autore di indimenticabili scene mute a *Porta a Porta.* Anche quando Berlusconi disse che bisognava fare il traforo del Frejus e nessuno gli ha ricordato che il traforo del Frejus c'è dal 1871. E poi Folli, Riotta, Sorgi, Sansonetti...

C'è qualcuno dei berlusconiani che ti piace?

Del suo partito non mi piace nessuno. Nell'ultimo libro, *Se li conosci li eviti*, abbiamo voluto mettere i nomi di venti politici che hanno fatto bene in questi ultimi anni. Per non essere distruttivi, ne abbiamo messo anche uno di Forza Italia, ma abbiamo penato molto per trovarne uno decente. Alla fine Peter Gomez ha proposto Carlo Vizzini perché comunque è uno che se non altro dice che bisogna escludere i condannati dalle liste, anche se nei suoi confronti è stata emessa una sentenza che ha dichiarato prescritto un reato. E quindi abbiamo messo Vizzini per disperazione. Mentre non ho difficoltà a trovare persone che stimo in An, nella Lega, nell'Udc.

Qualche nome?

Giorgia Meloni è fantastica, bravissima, è una ragazza veramente splendida. Impegnata, entusiasta, competente.

Angela Napoli ha fatto tutta la battaglia anti 'ndrangheta in Calabria. Tabacci non è impresentabile. Maroni è stato un discreto ministro. Ma di Forza Italia non riesco a trovare nessuno decente. Forse questa Lorenzin, la biondina coordinatrice a Roma, ecco…

E dei giornalisti?

Alla fin fine il meglio, o il meno peggio, è Belpietro. Perché in fondo è un giornalista. Quando dirigeva il «Giornale» ci metteva le notizie. Adesso il «Giornale» di Giordano sembra «Topolino».

A molti piace Letta…

È uno di quelli che detesto di più, credo che sia uno dei più pericolosi, molto di più di Bondi. Bondi è quello che vedi, è un innamorato col cuore straziato.

Bondi dice che è innamorato del Cavaliere, ma anche delle donne.

Infatti dicono che si sia innamorato della Gardini perdutamente. Poveretto.

A me ha detto che gli piace la Finocchiaro.

Insomma Bondi lo vedi com'è, Letta no. Letta, non so per quale motivo, passa addirittura per un uomo di Stato. Ma è sempre stato un uomo di affari, anche di affari poco chiari.

Vogliamo dire chi era in cabina di regia ai tempi del Sismi di Pollari? Vogliamo dire chi era in cabina di regia ai tempi delle strane risoluzioni dei sequestri in Iraq? Vogliamo dire chi era in cabina di regia ai tempi della scalata al «Corriere della Sera»? Ricucci a chi telefonava per trovare il socio francese a cui rivendere le azioni? A Gianni Letta. Vogliamo parlare di Gianni Letta ai tempi della legge Mammì? Vogliamo parlare di Gianni Letta ai tempi della legge Maccanico? Vogliamo parlare dell'attività di lobbying che ha fatto in interi parlamenti? Vogliamo parlare dei fondi neri dell'Iri e del miliardo che si è preso quando era direttore del «Tempo»? Letta è un personaggio che Filippo Mancuso ha definito giustamente «la vera eminenza», la vera «anima nera del partito azienda», è uno dal quale dovrebbero tenersi tutti a distanza. Invece vedo Veltroni e Bettini che... spensieratamente... «Letta di qua, Letta di là».

VI
I problemi di D'Alema non sono le barche, ma le banche

Tu hai scritto L'Inciucio *nel 2005. Praticamente raccontavi già allora lo scandalo Rai-Mediaset. La concorrenza diventata cartello...*

E sono molto orgoglioso di questo. Quando mi dicono che senza le carte giudiziarie non andrei da nessuna parte, vorrei fare notare che a volte precedo le carte. Un altro esempio: *Lucky Luciano* è uscito anni prima delle intercettazioni. Il problema è che ci sono cose talmente evidenti che soltanto in Italia si finge di non vederle. Quando le abbiamo scritte, per esempio sul patto occulto Rai-Mediaset, ci dicevano: «Ma dove sono le prove?» E adesso che ci sono le telefonate tra la Bergamini, Saccà e Berlusconi, tutti a dire: «Ma di che cosa vi scandalizzate? Lo sapevano tutti che era così». Insomma, prima non bisogna parlarne «perché non ci sono le prove», poi non bisogna parlarne «perché già si sapeva tutto». Non bisogna parlarne mai.

C'è un simbolo dell'inciucio, l'uomo che incarna il rapporto contro natura Rai-Mediaset?

Ma certo che c'è. È il presidente, Claudio Petruccioli. È l'inciucio vivente, incarnato. Nessuno ricorda che diventò presidente della commissione di Vigilanza dopo essere stato presidente della commissione Trasporti e Telecomunicazioni della Camera, ai tempi in cui la legge Maccanico che avrebbe dovuto sistemare il sistema radiotelevisivo si arenò per anni in quella commissione e lui lì la lasciò riposare in pace per tutta la legislatura 1996-2001. Dopo questa buona prova, nel 2001 diventò presidente della Vigilanza nei primi quattro anni del secondo governo Berlusconi. E si fece passare sotto il naso tutte le censure e tutte le epurazioni.

Sei troppo duro...

Per carità, qualche comunicato di protesta l'ha pure fatto, lui. Ma non è che si sia dato fuoco per difendere Biagi, Santoro, Luttazzi, Guzzanti, Paolo Rossi. Per non parlare del caso Massimo Fini: c'era una bobina che provava l'odioso atto di censura politica e Petruccioli non la fece nemmeno sentire agli altri. Tanto che si arrivò al famoso verdetto pilatesco: «Non si può né affermare né escludere che si sia trattato di una censura». Dopo la buona prova data in quei quattro anni, proprio alla fine della legislatura, nell'estate 2005, Petruccioli entrò a palazzo Grazioli presidente della Vigilanza e ne uscì presidente della Rai, nominato da Berlusconi, capo del governo e capo di Mediaset. Da allora fa il presidente della Rai del centrosinistra nominato da Berlusconi.

Rimane pur sempre un uomo della sinistra alla presidenza della Rai.

Va bene. Vediamo che cosa ha fatto.

Ha riportato Santoro.

Santoro lo hanno riportato le sentenze del Tribunale di Roma, recepite dalla Rai tre mesi prima che l'Unione vincesse le elezioni. Luttazzi non è mai stato più riportato in Rai. Sabina Guzzanti nemmeno. Massimo Fini nemmeno. Oliviero Beha è sempre nel freezer. Uno scandalo imbarazzante.

Hai detto a «Libération»: «Ci sono una cinquantina di persone che non possono mettere più piede in Rai».

Erano gli anni del regime. C'era la famosa lista delle persone che non potevano entrare... Paolo Flores... io... Tabucchi... Scalfaro. Pensa solo a quante volte appare sullo schermo Cossiga e quante Scalfaro. Sono tutti e due ex presidenti della Repubblica, tutti e due piuttosto âgé.

I tuoi nemici...

Ti posso dire quelli che hanno cercato di stroncarmi la carriera...

Previti...

Sicuramente, e tutto l'entourage di Berlusconi e di D'Alema...

Cossiga mi ha detto che D'Alema ti chiama «quel farabutto mascalzone».

Più o meno l'ha detto pubblicamente, mi ha definito spazzatura. Poi purtroppo è scoppiato il caso spazzatura, che non era roba mia, ma roba sua. D'altra parte che cosa pensare di uno convinto che Mani Pulite sia stata un colpo di Stato di destra, come ebbe a dire nel 1996 a cena a casa di Flores?

Tu non gliene perdoni una...

Dovrei perdonargli il pasticcio della Telecom? Oppure il fatto che si sia salvato con la prescrizione per i soldi, venti milioni di lire in nero, presi da Cavallari, alla fine di una cena a casa sua?

A D'Alema rimproverano anche la barca...

I problemi di D'Alema non sono le barche, sono le banche. Per la barca, come per le scarpe d'autore, il guaio è l'ostentazione. Io sono stato uno dei primi a raccontare sull'«Espresso» di Rinaldi la storia delle scarpe. Lui che a cena a casa Reichlin chiese di far allontanare un cagnetto che gli saliva sui piedi per paura che gli rovinasse le scarpe fatte fare apposta da un artigiano e costosissime.

Tu scrivi queste cose...

E loro se la prendono con me. Come se il problema fossi io. Ma, se hai la faccia da culo, perché te la prendi con lo specchio? Il fatto è che D'Alema è un parvenu.

Claudio Rinaldi ti stimava molto. Ma mi ha detto: «Travaglio a volte esagera, non si può trattare un peccato veniale come fosse un omicidio».

Ma io sono d'accordo. Tutto nasce dall'anomalia italiana, dalla presenza nel panorama politico italiano di uno come Berlusconi. Prendi Visco. È stato condannato per un abuso edilizio a Pantelleria. Non ha ammazzato nessuno, certo. E rispetto a Previti è un santarellino. Ma siamo proprio sicuri che uno possa fare il ministro delle Finanze pur avendo una condanna per abuso edilizio? In un altro Paese o fai l'abuso edilizio o fai il ministro. Poi c'è sempre qualcuno peggio in Italia, per cui sei costretto a dire: «Per carità, io ne vorrei venti di Visco al posto di un Previti».

Insomma non consideri tutti uguali.

Io faccio libri così voluminosi e così circostanziati proprio perché voglio spiegare e distinguere senza mettere tutti sullo stesso piano.

Tu vedi solo bianco e nero e non vedi i grigi. È una delle critiche che ti fanno. La trovi giusta? Sei un manicheo?

In realtà quando una cosa mi sembra chiara e netta non sento il bisogno del grigio. Ci sono cose che sono bianche e delle cose che sono nere. Poi ci sono anche cose molto grigie. Spesso c'è anche chi trova molto comodo usare il grigio per cavarsela a buon mercato.

Hai attaccato Linda Giuva, la moglie di D'Alema, perché ha stretto la mano a Licio Gelli. Sei manicheo, non vedi i grigi. Non si può stringere la mano a Gelli?

Bisogna cominciare a non stringere mani e a non salutare certa gente. Gelli è uno dei primi della lista.

Cuffaro mi disse che lui bacia tutti e bacerebbe anche te.

Ma non corrisposto. Mastroianni diceva: «Questo è un Paese finito perché non si riesce più a distinguere tra chi è una persona perbene e chi no». Bisogna cominciare a distinguere tra chi è un persona perbene e chi no. Io a uno condannato per i depistaggi sulle stragi come Licio Gelli la mano non gliela stringo, soprattutto se sono la moglie del figlio di Giuseppe D'Alema che ha fatto parte delle commissioni d'inchiesta sul terrorismo, sui depistaggi, sui poteri occulti. Il padre di D'Alema, a differenza del figlio e della nuora, sapeva distinguere fra chi è una persona perbene e chi no.

Bisogna pur vivere…

Massimo Fini, uno dei pochi idoli viventi che ho, un giorno si è trovato nello studio del direttore del «Tempo» con cui collaborava. A un certo punto è entrato Paolo Cirino Pomicino, anche lui collaboratore del «Tempo» sotto lo pseudonimo di Yanez. Il direttore disse: «Ti presento il nostro collaboratore Pomicino». Pomicino gli tese la mano e Massimo disse: «A lei la mano non la stringo». E se ne andò. Massimo è un grande.

Dovresti fondare un'associazione. "Quelli che non stringono la mano". No shake hands.

Grande idea.

Articolo 1: non si stringe la mano ai condannati per reati vergognosi...

Articolo 2: non si stringe la mano a chi ha detto o ha fatto una porcheria.

A chi non stringeresti la mano oggi?

All'avvocato Pecorella. Invece lo invitano perfino alle feste dell'«Unità», da cui sono stato bandito negli ultimi tre anni: io che sull'«Unità» scrivo tutti i giorni. Uno che fa le leggi per il suo cliente non si invita alla festa dell'«Unità».

Dicono che bisogna dialogare.

Ma chi l'ha detto che bisogna dialogare con tutti? Ci sarà pure qualcuno infrequentabile, no? E allora non lo frequenti. Non si vede il motivo per cui bisogna essere amici di tutti e abbracciare tutti. Io non credo di essere maleducato se non stringo certe mani.

Ti hanno mai dato dei premi?

Qualche volta.

Il Premiolino?

Non so neanche cosa sia.

Ma lo hanno vinto tutti. Premia i migliori giornalisti italiani.

Io ho vinto il Grinzane Pavese. Poi il Matto dell'anno, un premio dato dai vitivinicoltori: sono stato il primo astemio a vincerlo. Ho vinto anche il premio Satira di Forte dei Marmi, quest'estate. Ultimo il premio Enzo Biagi.

Non hai vinto nemmeno il premio Saint Vincent? L'ho vinto io!

Peggio per te. L'ha vinto anche un sacco di gente che non mi piace.

Sembrerebbe una discriminazione.

Ho l'impressione che gran parte dei premi segua la stessa logica delle recensioni.

Se vincessi il Saint Vincent o il Premiolino, andresti a ritirarlo?

Per cortesia vado a ritirare qualsiasi cosa. Andrei a ritirare anche il premio Forza Italia, se esistesse e me lo dessero.

Gianni Cuperlo disse che la tua assunzione all'«Unità» fu uno degli eventi più infausti del 2002.

La tragedia si è poi perpetuata nel 2003, 2004, 2005, 2006, 2007, 2008. Peraltro con grande soddisfazione dei lettori. Peccato che io non sia mai stato assunto. Io sono pagato a pezzo, sono un collaboratore esterno, un free lance. Ma lasciami dire una cosa: «Cuperlo chi?» Io non ho mai capito chi sia, chi rappresenti, a che titolo parli.

Era portavoce di D'Alema.

Appunto. Tra l'altro, uno dei pochi che non hanno fatto fortuna. Uno sfigato. Mi fa anche tenerezza.

Ti ha querelato anche Franco De Benedetti, il fratello del tuo editore, per un tuo articolo su «Repubblica».

Mai vista la querela. Comunque era curioso che Franco querelasse il giornale di suo fratello Carlo. Se vinceva andava dal fratello a chiedere i soldi?

Ferrara è contro l'aborto. Nella polemica ha minacciato di mostrare i suoi piccoli testicoli.

Premetto che sono contro l'aborto anche io e personalmente spero di non dover mai nella mia vita condividere una decisione così drammatica. Altro problema è la legge 194, che probabilmente è l'unica soluzione per evitare gli aborti clandestini. Ma, se mi avessero dimostrato che votando per il partito di Ferrara gli aborti sarebbero diminuiti, ci avrei pure fatto un pensierino. Non riesco a capire il nesso fra i voti alla lista No Aborto e la diminuzione degli aborti... Penso che quel partito fosse l'ennesimo passatempo di Ferrara per vincere la noia, che è il suo primo problema, e per rimanere in copertina, che è il suo secondo problema. La storia dei testicoli mi ha molto incuriosito perché...

Speravi di vedere i suoi testicoli?

Dio mio, no, speravo che li potesse vedere lui finalmente!

Perché hai detto che Violante ha ballato troppi valzer?

Violante è uno dei personaggi della politica italiana che detesto di più per la sua abissale, congenita doppiezza.

È uno degli uomini politici più influenti sulle procure italiane. Dicono.

Per anni l'hanno considerato il capo del partito dei giudici, ma è una cosa assolutamente falsa. Era lui che amava lasciarlo credere. Non conosco un magistrato che abbia mai dato retta a uno come lui. Anche Caselli, che è amico suo da decenni, fa di testa sua. Semmai è Caselli che influenzava Violante, non il contrario. Violante come magistrato non ha mai cavato un ragno dal buco. L'unica sua inchiesta che si ricordi era quella su Edgardo Sogno, andata a puttane. Anche perché Sogno non sarebbe mai riuscito a fare un golpe nemmeno sul pianerottolo di casa sua. Negli anni di Mani Pulite ci teneva molto che si pensasse che influenzava i giudici. Ma puoi immaginare Davigo, Colombo, Di Pietro o Borrelli che danno retta a Violante? Sul processo Andreotti, del quale lui è considerato la mente occulta, so per certo che litigò con Caselli sostenendo che non si sarebbe mai dovuto processare il senatore per mafia perché quelle sono cose che deve risolvere la politica. Litigarono, presente Gianni De Gennaro, convinto come Violante che non bisognasse processare Andreotti. La cultura di Violante è quella: le cose della politica le deve risolvere la politica. La sua cultura è l'opposto di quella di Mani Pulite: molto craxiana. Violante è per il primato della politica, anche sulla legge. Un obbrobrio giuridico. Alla fine ha capito che non doveva più vantarsi di quella cosa, sebbene fosse un millantato credito, e ha cominciato a smarcarsi dalla sua stessa immagine, criticando i magistrati più impegnati, sposando la Bicamerale. E poi riabilitando i "ragazzi di Salò".

Voleva accreditarsi a destra?

Ma non puoi prendere per il culo la gente. Non è che i missini improvvisamente ti trovano simpatico se parli bene della XMas. Semplicemente continueranno a considerarti molto infido. Adesso poi sta proprio sbracando a tutto tondo, con le sparate a difesa della Casta, con gli attacchi alla Forleo e a De Magistris. Uscito finalmente dal Parlamento, ambisce a diventare giudice costituzionale e ha bisogno dei voti della destra. Aspettiamoci di tutto.

Beriatravaglio. Come va col tuo amico Staino?

Per me la satira è sacra, sempre, non solo quando attacca Berlusconi. È sacra anche quando attacca me. Ho incontrato Staino, l'ho salutato, ho fatto finta di niente. Dopo tre giorni, dimentico. Resta il fatto che non sono mai stato comunista. Staino è stato comunista. Quindi Beria sarà lui e gli amici suoi.

Giampaolo Pansa disse: «I tifosi di Travaglio hanno in comune l'acidità estremista che li rende intolleranti verso chi non la pensa come loro. Non sorridono più, guardano il mondo con sospetto e vedono ovunque del marcio»...

I tifosi di Travaglio sono quegli stessi tifosi che ai tempi della Bicamerale leggevano «L'Espresso» di Rinaldi e di Pansa, che tuonavano contro il «Dalemoni». Il Beriatravaglio scriveva anche lui su quell'«Espresso», e diceva le stesse cose di Pansa. Poi Pansa è cambiato. E ha scritto sull'«Espresso» che ci vuole un governo Berlusconi-Veltroni. Io continuo ad adorare Pansa, anche se non lo condivido quasi mai. Ma non sono cambiato io, non sono cambiati gli italiani, non è cambiato Berlusconi: è cambiato lui.

Legittimo.

Legittimo. Ma è cambiato lui. Dopo dieci anni uno può cambiare idea. Ma che cosa c'entro io?

Lo leggi l'inserto di satira di Staino allegato all'«Unità»?

Sì. Raramente mi piace, molto spesso mi intristisce. Non è «Cuore», ma non avendo una lira fanno miracoli.

Vincino ha scritto: «Travaglio è un vate del tintinnio di manette che con la sinistra ha poco da spartire».

Buona la seconda: non sono di sinistra. Quanto alle manette: che palle.

Vincino ha detto anche: «Travaglio gode delle sofferenza altrui».

È sempre la solita litania della lobby di Lotta Continua. Io non so quando mi abbia visto godere della sofferenza altrui. Ma soprattutto non conosco amici suoi che soffrano. Ferrara non mi pare sofferente. I lottatori continui hanno fatto quasi tutti ottime carriere, a parte il povero Leonardo Marino. Vincino scrive dappertutto.

VII
Veltroni è il più berlusconiano di tutti i leader del centrosinistra

Hai mai litigato con Santoro?

Una volta. Ero andato a *Primo Piano* a parlare del V-Day di Grillo: un tema che poi due giorni dopo sarebbe stato il tema di *Annozero.*

Aveva ragione Santoro.

Ma è durata mezza giornata. È impossibile litigare con lui. Almeno per me. Mi tratta sempre con i guanti.

Ti ha mai censurato?

Mai. Io riconosco il principio di autorità dei direttori e due giorni prima di andare in onda gli mando sempre il testo di quello che voglio dire. Non vorrei mai fornire a nessuno un pretesto per chiudere *Annozero*...

Con Luttazzi è successo.

Appunto. Voglio che Michele sappia quello che dirò e lo condivida. Ma non mi ha mai tolto niente. Semplicemente mi dice: «Troppo lungo, accorcia».

Dimmi chi ti piace nel panorama giornalistico italiano.

Dovrei fare un elenco infinito. Giovanni Sartori, Barbara Spinelli, Massimo Fini, Giorgio Bocca, Curzio Maltese, Oliviero Beha, Furio Colombo, Gian Antonio Stella. Mi piaceva da impazzire Claudio Rinaldi.

Hai ereditato la sua rubrica sull'«Espresso».

Per me è stato un punto di riferimento importantissimo. È stato lui a tirarmi dentro nel gruppo quando ero disoccupato. Nel '97 scrivevo sul «Borghese» di Vimercati. Ferrara aveva appena fondato «Il Foglio». Quel finto movimento di Pera e di Boato, "Convenzione per la giustizia", gli assicurava i finanziamenti pubblici. Per giustificarne l'esistenza, organizzò un convegno a Firenze. C'era tutta la banda forzista più tutta la banda del «Foglio», Boato, Iannuzzi, Guarini, Peppino Gargani, Pera, la Santelli. Avevano bisogno di uno che gli facesse il contraddittorio e chiesero a Flores. Flores non poteva. Chiesero a me e io ci andai. In mezz'ora li feci tutti neri, gli dissi tutto quello che pensavo di loro. Una cosa tremenda. Avessero potuto, mi avrebbero menato, non pensavano che sarei arrivato a tanto. Alla fine ci fu una cena a casa di Denis Verdini, un deputato di Forza

Italia, uno dei soci del «Giornale» e del «Foglio», un riccone di Firenze con bellissima villa sulla collina di Fiesole.

Immagino il clima...

Il giorno dopo andai a Roma a trovare Giampaolo Pansa, cui ero molto legato, e gli raccontai tutta l'avventura. Lui disse: «Questa è divertentissima, dobbiamo raccontarla a Claudio!» E così conobbi Rinaldi. Claudio disse: «Puoi scriverla così come me l'hai raccontata?» Lo feci e venne molto divertente. Così cominciò la mia collaborazione con «L'Espresso». Claudio mi dette due rubriche. Una sui voltagabbana e l'altra sulle cazzate dette e scritte dai politici. Quando arrivò Giulio Anselmi me le tolse tutte e due.

Immagino non ti piaccia Veltroni.

Veltroni è il più berlusconiano di tutti i leader del centrosinistra. È quello che riesce a dire meglio il poco o nulla che ha in testa. La tragedia è questa: prima potevi pensare che i leader Berlusconi se li era comprati. Di Veltroni non si può dire che se l'è comprato Berlusconi. Veltroni è una persona onesta, credo che non si sia mai messo in tasca una lira, mi dicono che vive in un appartamento normale. Non ha mai ostentato particolari ricchezze. Ma si è berlusconizzato progressivamente. In campagna elettorale, prima dell'idea geniale di Calearo e Colaninno jr., è andato nel Nordest a dire che la ricetta per le tasse è «pagare meno per pagare tutti». Una cazzata solenne, infatti Berlusconi lo dice da anni. Ma l'evasore fiscale continua a non pagare le tasse anche se gli abbassi le aliquote. La sua aliquota è zero. Che senso ha proporgli il trentatré per cento al posto del quarantatré? Lui continua a preferire l'aliquota zero! L'unico modo per far pagare le tasse è mettere in galera qualche evasore fiscale.

Marco, sempre la galera, sei veramente un manettaro.

In America e negli altri Paesi seri fanno così. Bisogna far paura agli evasori. Pagare tutti per pagare meno, non il contrario! La sinistra di quindici anni fa diceva «pagare tutti per pagare meno». Se adesso Veltroni dice il contrario, vuol dire che Berlusconi ha lavorato sulla sua testa con la sua propaganda. Oggi nel Pd dicono: «Faremo una legge sul conflitto di interessi, ma che non sia punitiva!» Stupendo. Ma se fai una legge sul conflitto di interessi, quella legge deve punire quanto meno i conflitti di interessi. Ogni legge deve prevedere una punizione per chi trasgredisce. Altrimenti, che la fai a fare? Noi passiamo da un berlusconismo hard, quello originale di Forza Italia, a un berlusconismo light, quello del centrosinistra. È più educato, più perbenino, non mangia con le mani. Ma poi alla fine la gente, tra l'originale e la pallida copia, sceglie l'originale. Ragione per cui ci ritroviamo Berlusconi III, la tri-vendetta.

Di Fassino che cosa dici?

Fassino non è neanche un leader. È un onesto lavoratore sgobbone, buono per fare il ministro di media grandezza. Già la Giustizia per lui era troppo. Il ministro per il

Commercio con l'Estero. Quella roba lì. Uno che lavora molto, un culo di pietra. Però un'idea non l'ha mai avuta. Peraltro neanche D'Alema ha mai avuto un'idea che non fosse copiata... Un leader dovrebbe avere qualche idea, qualche slancio, qualche prospettiva. Dovrebbe trasmettere un po' di brivido. L'unico che aveva idee e poteva dare un qualche brivido era Cofferati, ma l'hanno murato vivo a Bologna. Così è rimasto Veltroni, che qualche brivido lo dà, anche se poi il contenuto è scarsissimo.

Veltroni come Kennedy, uno slogan buono, una bella faccia...

Veltroni è il responsabile numero uno della caduta del governo Prodi e quindi della terza vittoria di Berlusconi. A novembre del 2007 Berlusconi era un uomo finito, la Cdl non c'era più, Fini parlava di comica finale, Casini non andava più alle riunioni, la Lega diceva: se ci danno un po' di federalismo andiamo d'accordo col governo Prodi. La spallata era fallita, la finanziaria era passata, Dini stava già tornando indietro, Mastella restava abbarbicato a Prodi perché difendeva i partiti piccoli. Veltroni non aveva che da fare un asse con Casini, Bossi e Fini e lasciare Berlusconi completamente isolato. Era semplicissimo. Bastava dire: noi facciamo una legge elettorale con tutti quelli che ci stanno, purché sul tavolo ci siano anche il conflitto di interessi e la riforma della televisione, perché questi sono i problemi istituzionali del Paese. Ovvio che ci sarebbero stati tutti, tranne Berlusconi.

Invece...

Invece Veltroni ha fatto l'asse con Berlusconi per distruggere i partiti piccoli, con Prodi che continuava a dire: «No, i partiti piccoli vanno salvaguardati». Mastella a quel punto capì che comunque andasse per lui era fatta, bisognava far saltare il governo prima che si completasse l'inciucio Berlusconi-Veltroni. O prima che si andasse al referendum. E quindi colse la palla al balzo dell'arresto della moglie. Berlusconi gli aveva promesso di tutto. Ma fidarsi di Berlusconi è veramente da ingenui. E infatti Berlusconi lo ha scaricato. Se Veltroni, il giorno in cui hanno arrestato la moglie di Mastella, avesse evitato di dire: «Con qualunque legge elettorale, noi andremo da soli», ma avesse detto: «Noi faremo una legge elettorale, però ai partiti piccoli daremo qualcosa...», il governo Prodi forse sarebbe ancora in piedi, non saremmo andati alle elezioni anticipate, gli ex alleati del Cavaliere avrebbero avuto più tempo per prepensionarlo e il Cavaliere non sarebbe tornato a Palazzo Chigi. Questo denota un cinismo incredibile di Veltroni: portare alle elezioni un Paese che in quel momento non poteva che essere berlusconiano. Se fossimo andati a votare fra due anni, avendo lavorato ai fianchi Berlusconi, avendolo fatto invecchiare ancora, avendo dato la possibilità a Prodi di restituire un po' di quei soldi dei tesoretti che c'erano, e che, andando avanti con la lotta all'evasione fiscale, sarebbero stati ancora di più, le elezioni sarebbero forse andate in maniera diversa.

Perché l'ha fatto?

Prodi è stato rovesciato nel momento in cui era visto ancora come un tassatore e non come un redistributore. O Veltroni è spregiudicato e l'ha lasciato cadere apposta perché comunque gli interessava perdere queste elezioni e vincere le prossime (o sperare di pareggiarle e governare con Berlusconi), oppure ha sbagliato tutti i conti, tanto per cambiare. E allora non è neppure molto intelligente.

Mastella?

Mastella è l'impresentabilità fatta persona. Naturalmente non è il più impresentabile. C'è di peggio, però Mastella ha pagato più di altri la sua impresentabilità, anche se ha pagato il minimo che avrebbe pagato in un Paese normale. Mastella è uno che piglia gli aerei di Stato per andare ai gran premi, uno che prende i soldi del giornale di partito per pagare i torroncini da ragalare agli amici o per rimborsare la benzina del figlio. In un Paese che ignora tutto quel che ha combinato Berlusconi, la prescrizione per Andreotti e per D'Alema, per non parlare della biografia horror di Dell'Utri, Mastella alla fine è quello che paga di più perché diventa impresentabile persino per Berlusconi, uno che finora non aveva buttato niente.

Bertinotti?

È una persona gradevole e credo anche onesta. Ma non si rende conto che non si può frequentare tutte le feste della nobiltà romana, uscire dal salotto dell'Angiolillo per salire sulla barca di Cecchi Gori. E poi quella moglie che dice:

«Ci scambiamo le mutande con Valeria Marini». Non è esattamente quello che uno si aspetta dai comunisti. Io non pretendo che Bertinotti vada in giro con la chiave inglese ma il modo di atteggiarsi e le persone che si frequentano contano. In certi posti non ci si deve andare, certe mani non bisogna stringerle, l'ambasciatore Mario D'Urso sarà una splendida persona, ma insomma... Quando in Parlamento ti propongono Pomicino e Vito per la commissione Antimafia, gli dici: «No, mandatemi due incensurati». Non puoi dire che è stato sempre così, come ha detto il compagno rifondarolo Forgione, presidente dell'Antimafia. Sai come ha risposto Forgione alle mie obiezioni? «Tanto Pomicino è malato e viene poco»: degna espressione di questa sinistra parolaia. Ma si può?

Diliberto.

Diliberto, insieme a Di Pietro, è quello che, alla prova dei fatti, è stato il più coerente o il meno incoerente all'interno del centrosinistra. Sull'indulto si è astenuto, quando non hanno voluto escludere nemmeno il voto si scambio politico-mafioso. E la proposta di escludere i condannati dalla commissione Antimafia è venuta dal partito di Diliberto. Purtroppo però non c'è solo la politica interna. Disgraziatamente c'è anche quella estera. Uno che continua a menarla ancora con Fidel Castro o con Hamas, o si trastulla a Mosca con la mummia di Lenin, per quanto mi riguarda è invotabile.

D'Alema?

D'Alema è una catastrofe per sé e per quelli che gli stanno vicini. Però lui non se ne accorge e non se ne accorgono quelli che gli stanno vicini. E continuano a lasciargli un potere immenso, della cui origine io non riesco francamente a farmi una ragione. Sicuramente non dipende dall'intelligenza.

Credi che…

… che faccia parte di una qualche consorteria? L'ho sentito dire, ma finché non ho le prove non lo dico.

Come ministro degli Esteri non è stato malissimo.

È vero. Anche perché, visti i precedenti, era difficile fare peggio. Le nostre figuracce avevano fatto il giro del mondo. Abbiamo avuto persino Berlusconi come ministro degli Esteri. D'Alema un minimo di rispettabilità l'ha ottenuta.

Sembra chiaro che a sinistra c'è una crisi di leadership gigantesca.

Leader penosi, che vengono sconfitti in continuazione e non pagano mai. Rutelli, Fassino… D'Alema ha collezionato più fiaschi di una cantina sociale. Continua a passare per intelligentissimo, ma non ne ha azzeccata una.

È più intelligente D'Alema o Ferrara?

Una bella corsa in retromarcia! Secondo me, nessuno dei due. Se sei intelligente, qualcosa di intelligente devi pur farlo, o dirlo. Ma Ferrara quello che voleva fare l'ha fatto, anche se ha sposato tutte le cause più sbagliate che c'erano: il Pci, la contestazione violenta, Craxi, Berlusconi, Bush, Sofri, l'oltranzismo vaticano... Fa una trasmissione che non vede nessuno, fa un giornale che non legge nessuno, ha fatto un partito che non ha votato nessuno. Sta sulle palle a tutti, fuorché a una piccola cricca di potere.

Però ne parlano tutti.

È uno che ha capito come funzionano le cose in Italia. Bisogna sparare delle grandissime cazzate per restare sulla cresta dell'onda.

I leader di destra?

Uno più ridicolo dell'altro. Fini da camerata è diventato cameriere. Se leggi quello che diceva a dicembre del 2007 e leggi quello che ha detto a gennaio 2006... «Mai più... nessuna possibilità di confluire nel partito unico, noi non dobbiamo tornare all'ovile perché non siamo pecore»...

Bossi?

Mi mette tristezza quando penso a che cos'era la Lega dei tempi d'oro. Io nel 1996 l'avevo pure votata.

Hai votato Lega?

Sai come fanno le ragazze che vengono mollate dal fidanzato e dicono: «La do al primo che passa»? Io avevo detto: «Il primo che fa cadere Berlusconi lo voto». Nel dicembre 1994 l'ha fatto cadere Bossi e due anni dopo l'ho votato. Se dipendeva da Bossi, Berlusconi era morto. Bossi è il più antiberlusconiano dei leader politici. Diceva di lui cose che io non mi sono mai nemmeno sognato di pensare. Adesso la Lega è un partito che ha perso la sua ragione di esistere con l'ingresso dell'Italia in Europa. Bossi comunque è intelligente. Molto più di D'Alema. È uno dei politici più intelligenti degli ultimi vent'anni. Per tenere in piedi un partito insensato come la Lega nel 2008 e farle addirittura vincere le elezioni ci vuole una intelligenza formidabile.

Follini?

Politicamente è come De Gregorio. Ma non si capisce perché De Gregorio è un delinquente se passa dal centrosinistra e al centrodestra e invece Follini è buono perché dal centrodestra va al centrosinistra. Follini è persona perbene, De Gregorio chissà. Ma politicamente sono la stessa cosa. Follini ha qualche chilo in meno, è più bello, si presenta meglio.

Più a modo...

Esatto, è lì dalla notte dei tempi, faceva il consigliere di amministrazione della Rai quando aveva i pantaloni corti, quando era il portaborse di Bisaglia. Ha votato tutte le leggi vergogna berlusconiane, tutte, dalla prima all'ultima, e adesso l'hanno promosso responsabile dell'informazione del Partito Democratico. Dovrebbe combattere la legge Gasparri, che lui ha votato quando era vicepremier di Berlusconi e segretario dell'Udc. Ha perfino detto che Cuffaro è una persona perbene, dopo il rinvio a giudizio per favoreggiamento della mafia. Soltanto un partito come il Pd poteva prenderselo e metterlo per giunta in quel ruolo. Si sono veramente berlusconizzati.

Casini?

Mi fa ridere. Tutto ciò che ora dice di Berlusconi non lo direbbe se Berlusconi gli avesse lasciato mettere il simbolo dell'Udc nel logo del Popolo delle Libertà.

Casini dice: «Non me ne frega niente di quello che dice Travaglio».

Strano. Quando viene ad *Annozero* è sempre molto cortese con me. Una volta spiegai per quale motivo Berlusconi non potrà mai abbandonare la politica: sia perché deve salvare le sue tv e salvarsi dai processi, sia perché, almeno finché ci sono Previti e Dell'Utri in circolazione, lui non può lasciare perché, se li molla a metà del guado, poi quelli gli chiedono il conto. Casini nell'intervallo pubblicitario mi disse: «Io la voglio invitare a pranzo, perché devo capire se lei pensa veramente quello che dice oppure finge».

Gliel'hai spiegato?

Gli ho detto: «Se la sua curiosità è solo quella, possiamo anche liquidarla in un caffè: il tempo di dirle che è tutto vero». Adesso magari se ne sta rendendo conto anche lui.

VIII
Gli intoccabili. Quelli di cui non si può parlare male in Italia

Il successo ti è gradevole?

Quello che mi gratifica è conoscere persone che hanno letto le cose che scrivo e le hanno trovate utili. Il fatto che un libro di novecento pagine, *Mani sporche*, abbia venduto centocinquantamila copie in quattro mesi è una bella soddisfazione.

Tu hai una memoria pazzesca.

Molte cose le ho nel computer e molte altre nei libri che ho scritto. Anche quelli li ho tutti nel computer.

Esisterebbe un fenomeno Travaglio senza l'informatica?

Sarebbe un casino se non avessi dietro, nella pen-drive, almeno le cose che ho scritto. E poi ritaglio tutto. Ho migliaia di cartelline.

Tu sei stato censurato da Feltrinelli.

Dipende sempre da quello che scrivi. L'editore lo selezioni tu con quello che scrivi. Quello che io scrivo può essere pubblicato da pochi editori. Feltrinelli non può essere il mio editore perché nei suoi libri non si può parlare male di D'Alema e di Fassino. Mondadori ed Einaudi nemmeno: non puoi parlar male di Berlusconi.

Di chi non si può parlare male in Italia? Se tu dovessi fare la classifica degli intoccabili...

Andreotti, Berlusconi e la sua band, D'Alema. E poi, retroattivamente, Craxi.

Hai messo obiettivamente i bastoni fra le ruote ai Ds?

Penso di sì, anche perché quello che io scrivo su «l'Unità» non potrebbe uscire, e infatti non esce, da nessun'altra parte. Quindi il problema per Colombo e poi per Padellaro è che non solo devono difendere quello che scrivo, devono difendersi anche dall'obiezione: «Ma queste cose non le scrive neanche "Il Giornale" e le scrivete proprio voi?» Quindi è terribile, non per quello che scrivo io, ma per quello che non scrivono gli altri. Io, prima delle elezioni, ho scritto un pezzo intitolato: «Uolter si è fermato a Eboli», sulle candidature del centrosinistra nel Sud. Dicevo: al Nord c'è stato un grosso rinnovamento, basta vedere le liste. Da Napoli in giù non si è toccato niente. Campania, Basilicata, Calabria, Sicilia, esattamente gli stessi uomini di prima, tranne per il fatto che al posto di Totò Cardinale c'è sua figlia.

Il ricambio generazionale.

Il seggio ereditario. Comunque poi alla fine, Uolter o non Uolter, certi equilibri non si spostano. Tutti gli indagati da De Magistris sono stati candidati. Crisafulli, nonostante il bacio al mafioso, è stato candidato. Nando Dalla Chiesa, fuori! Tutti quelli delle scalate Unipol, tutti ai posti di combattimento, tutti come se non fosse successo niente. Il giorno dopo hanno telefonato a Padellaro e hanno detto: «Ma ti rendi conto che l'avete pubblicata solo voi questa obiezione?» E Padellaro ha risposto: «Sono contento! Siamo liberi».

Tu sei contento?

Non sono io che sono bravo. Sono gli altri che non fanno il loro dovere. Il fatto che pochi facciano osservare certe cose sovraespone quello che faccio io. Lirio Abbate gira sotto scorta da quando ha scritto un libro sui rapporti mafia-politica con Peter Gomez. Finché si occupava di Provenzano, la mafia lo ignorava. Ma se tutti i giornalisti siciliani scrivessero libri o articoli come quelli di Lirio Abbate, la mafia non potrebbe minacciarli tutti, perché sono troppi. Non è merito di Lirio Abbate. È demerito di quelli che non fanno quello che fa lui. Ogni tanto mi fanno i complimenti per il mio coraggio. Coraggio? Non credo affatto di essere coraggioso, secondo me il problema sono i tanti che, non facendo fino in fondo quello che dovrebbero fare, fanno apparire una stranezza quella che per me non è una stranezza. Quando ho iniziato a fare il giornalista, non era mica strano rompere le scatole ai potenti. Ed era solo ventiquattro anni fa.

Se dovessi dire i cinque voltagabbana di questi vent'anni...

Escluso Bondi, che è innamorato e al cuore non si comanda, il voltagabbana più incredibile è Marcello Pera. Mi fa impazzire, è meraviglioso. Solo pochi anni fa era il giustizialista più feroce. E poi Feltri. Aveva scritto: «Al posto di Sergio Moroni mi suiciderei due volte». E poi Adornato. Voltagabbana di andata e di ritorno.

Dal Pci, a Forza Italia, all'Udc.

Vedrai che, prima o poi, torna a sinistra. Qualche settimana nell'Udc, ed è subito Veltroni. Busserà alla porta del Pd.

Guzzanti?

Io ci vedo qualcosa di patologico, nell'atteggiamento di Paolo Guzzanti. Non mi pare lucido. Basta leggere il suo blog per capire che è fuori come un balcone. Continua a parlare di Kgb nel 2008! Scrive cose di Dell'Utri che neanche Dell'Utri ha mai detto di se stesso, perché gli verrebbe da ridere. Dice che Berlusconi e Dell'Utri trovarono Mangano già lì dentro la villa di Arcore, quando l'hanno comprata. Faceva parte del mobilio, dell'arredamento, non potevano mica buttarlo via...

Mastella?

Mastella è un transumante, si sposta con la sua mandria a seconda delle stagioni, di dove c'è da mangiare. Cerca il tratturo. Non si può dire che sia mai stato di destra o di sinistra. Io non gli ho mai sentito dire altro che: «Che cosa c'è per me? Che mi date? Che si mangia stasera?» Purtroppo per lui, l'ultima volta si è rivolto a Berlusconi, un oste che è un noto truffatore.

Poi ci sono quelli che lustrano le scarpe a tutti.

Vespa, Davi, Velardi, Rondolino, Polito... Non voltano gabbana, loro stanno sempre piegati, chiunque passa danno una lustratina. Non hanno mai avuto la fortuna di vivere in posizione eretta. Chi nasce curvo è avvantaggiato, perché poi non si deve neanche piegare. Lo trovano già così.

C'è qualcosa di quello che dicono di te che ti dà fastidio?

Mi dà un enorme fastidio quando dicono che racconto balle. È un insulto sanguinoso per chi fa una fatica incredibile per essere il più preciso e documentato possibile. Non sopporto nemmeno quando mi accusano di fare il gioco di qualcuno. Sono le uniche due cose che non farò mai: raccontare balle consapevolmente e fare il gioco di qualcuno. La cosa più fastidiosa di tutte però è quando dicono che io sono quello che fa vincere Berlusconi perché, a furia di parlar male di lui, lui vince. Mi dà fastidio per due motivi. Primo, perché presuppone che uno faccia il giornalista per far vincere o far perdere le elezioni a qualcuno. Secondo, perché dovrebbero mettersi d'accordo con se stessi: sostengono che io non devo parlar male del centrosinistra per non fare il gioco di Berlusconi, e contemporaneamente che non devo parlar male di Berlusconi per non fare il gioco di Berlusconi. E allora qua bisogna parlare sempre bene di tutti?

Berlusconi dice che la televisione non sposta voti. Però poi disse che tu gli avevi fatto perdere il 5% dei voti ai tempi di L'odore dei soldi.

L'università di Torino calcolò che si erano spostati dal milione al milione e mezzo di voti. Non dalla destra alla sinistra, ma dall'astensionismo al centrosinistra. Molti delusi che avevano deciso di non andare più a votare sono corsi alle urne quando si è militarizzata la campagna elettorale su temi importanti come mafia e conflitto di interessi. Infatti Berlusconi e i suoi cari mi hanno fatto otto cause. E le hanno perse quasi tutte.

Quindi la televisione sposta voti...

Se non fosse vero, perché Berlusconi avrebbe candidato Ciarrapico dicendo che gli serviva, che aveva dei giornali che spostano voti? Se «Ciociaria Oggi» sposta voti, quanti voti spostano tre televisioni Mediaset, mezza Rai e una trentina di giornali Mondadori?

Perna sostiene che tu hai tono gelido e sorriso di sufficienza.

Sostengono tutti che io dico delle cose terribili col sorriso sulle labbra. Ma non che sono gelido. Le persone che vengono alle presentazioni dei miei libri non rimangono raggelate. Ridono, anche. Molti mi rimproverano di far ridere troppo. Il problema è che si parla troppo di come tieni gli occhi, di come ti vesti, di come ti pettini. Ma di quello che dici si preferisce non parlare.

Facci dice che fai copisteria giudiziaria.

Io so leggerli bene gli atti giudiziari. Lui no. Non ho mai capito la storia della copisteria giudiziaria. Se uno fa cronaca giudiziaria cosa deve fare, se non prendere gli atti e possibilmente citarli in modo giusto? Deve modificarli a suo piacimento per non essere accusato di copiare?

C'è qualcuno che ti odia?

L'odio è una categoria affettiva, sentimentale, e io dovrei conoscere la persona che mi odia, per sapere se mi odia oppure no.

Mi immagino un giorno Berlusconi che pranza con D'Alema. Cominciano a parlare di te e si divertono come matti!

Mi odia di più D'Alema. L'unica volta che Berlusconi ha parlato di me in pubblico, a *Porta a Porta*, ha detto che io ero "un animale a sé stante". Secondo me è un complimento. Secondo lui no, perché un animale a sé stante per lui è veramente una brutta bestia. Ma a me piace. Vuol dire cane sciolto. Mi sta bene.

Mughini ha detto di te: giacobino con ghigliottina inclusa ma sul piano personale è delizioso. Non so se è peggio la prima frase o la seconda.

Mughini è simpatico. Però si butta via troppo facilmente con quelle sceneggiate nei programmi televisivi di sport. Va bene ogni tanto, ma esagera. È uno in gamba, che potrebbe fare delle cose molto più divertenti, interessanti.

Con Bondi hai mai avuto incontri?

No. L'ho incrociato una volta ad *Annozero* e aveva l'aria di san Sebastiano prima che lo trafiggessero.

Invece pare che Berlusconi lo abbia chiamato per dirgli: bravo bravo...

Può darsi, non lo metto in dubbio. Ma aveva l'aria del condannato avviato all'ergastolo. Perché loro pensano che *Annozero* sia irto di trappole, quindi se ne stanno rigidi e non si rendono conto che ad *Annozero* ti danno la parola, poi la danno a un altro, ognuno può dire quello che vuole... Se fai brutta figura è colpa tua, se la fai bella è merito tuo. Ho detto alcune cose su Berlusconi e Bondi era quasi senza fiato, proprio costernato. Alla fine, per l'emozione, si è dimenticato alcuni fogli che aveva portato con sé. Era il copione. Aveva un copione su cui aveva scritto (o gli avevano scritto) quello che doveva dire in ogni evenienza. C'erano delle frasi pronte che lui avrebbe dovuto usare. Alcune erano per me. Cose tipo: «Travaglio, si vergogni!» Cose che puoi dire anche a braccio, mica hai bisogno di scriverle… «Travaglio basta!» Ma c'era bisogno di segnarle? «Lei va a rimestare ancora nelle carte giudiziarie!» «Santoro lei si ricordi che sta nel servizio pubblico!» Frasi a effetto. «Travaglio, lei mi fa orrore». Le stesse frasi che poi ha detto a Di Pietro a *Ballarò*! Gli ha detto vibrante: «Di Pietro, lei mi fa orrore!» Il copione è sempre lo stesso. Multiuso.

IX
E, INFINE, IL GIOCO DELLA TORRE. CHI BUTTI?

Berlusconi sarà il prossimo presidente della Repubblica?

Prospettiva agghiacciante. E ridicola, anche. Se, dopo cinque anni di governo, riuscirà a rivincere le elezioni, diventerà presidente della Repubblica. Altrimenti no. Confido nel fatto che non sa governare. Vince, ma non rivince. Abbisogna di qualche anno per far dimenticare i suoi disastri.

Chi ti piacerebbe al Quirinale?

Se non fosse troppo anziano, per quando si voterà la prossima volta, Giovanni Sartori. Altrimenti Prodi. O Gustavo Zagrebelsky. O Giovanni Bazoli.

Tu leggi un casino di carte processuali. Non è noioso?

No. È molto divertente. Leggere le carte processuali è la cosa più divertente che ti possa capitare come lavoro. Le carte processuali sono divertentissime. I processi che si fanno alle classi dirigenti in Italia sono spettacolari... E anche le intercettazioni. Scopri finalmente le prove di cose che hai sempre sospettato. E finalmente puoi affermare certe cose con l'indicativo, invece che con il condizionale. Negli atti giudiziari scopri che la realtà supera la fantasia. Dove la trovi una telefonata come quella tra Berlusconi e Dell'Utri in cui Berlusconi sostiene che la bomba contro la sua casa è una bomba gentile e affettuosa? E che il presunto bombarolo gli sta simpatico? La cronaca giudiziaria, in Italia, è una variante del cabaret. E la telefonata tra Saccà e Berlusconi? «Lei non mi ha mai chiesto favori». «Ma sì, per le donne sì che t'ho chiesto i favori», «Ma no, uno come lei ce ne vorrebbe dieci, centomila. E questa non è *piangeria*». Uno che dice "piangeria" invece di piaggeria... Che cavolo vuoi di più dalla vita?

Giulia Bongiorno, l'avvocato difensore di Andreotti, si era arrabbiata perché avevi scritto che si era inventata la sua malattia...

Avevo fatto una battuta perché aveva detto che le era venuta la celiachia a causa delle accuse infamanti subite da Andreotti: aveva somatizzato. A me risulta che la celiachia sia congenita, quindi non può fartela venire un giudice. I giudici posso anche far danni, ma non possono farti venire la celiachia.

Gioco della torre. Tra uno di destra e uno di sinistra chi butti giù?

Dipende. Se sono Giovanni Sartori e Piero Sansonetti, butto Sansonetti. Se Schifani e Diliberto, butto giù Schifani. Destra e sinistra sono due parole che, in questo momento, per me non hanno più alcun senso.

Mentana o Vespa?

Butto Vespa. Ha fatto più danni, ha cominciato prima.

Antonio Di Bella o Paolo Ruffini?

Butto Ruffini. Non riesco a perdonargli di aver chiuso *Raiot* della Guzzanti.

Ha vinto una grande battaglia all'interno della Rai. Rai3 ha battuto Rai2. La rete di sinistra ha battuto la rete diretta da un leghista.

Io della Rai di sinistra me ne frego. E non credo che Rai2 sia una rete leghista, visto che c'è *Annozero*. In realtà Rai2 è un grande guazzabuglio che, per le stranezze della politica, in questo momento è forse la rete meno controllata. Penso che in questo momento sia più facile dire o fare certe cose su Rai2 che su Rai3. Su Rai3 bisogna ossequiare il centro-sinistra. Non è che una rete, solo perché è di sinistra, non faccia censure. Per informazioni, rivolgersi a Sabina. Il fatto è che le tv non devono essere né di destra né di sinistra. Devono essere professionali.

Rula Jebreal o Beatrice Borromeo?

Rula è una giornalista, Beatrice lo sarà. Adoro entrambe.

Floris o Telese?

Butto Floris, anche se la concorrenza l'ha migliorato. Telese è bravo. Peccato che nella sua trasmissione non si riesca a dire tre parole in fila. Troppa carne al fuoco, troppa cagnara. Ma lui è giornalista fatto e finito. Di lui si conoscono le opere, i libri, gli articoli, gli scoop. Mentre questo fenomeno misterioso di Floris io non l'ho mai capito. Come è nata l'idea di affidargli un programma da condurre, tra l'altro negli anni in cui venivano cacciati Biagi e Santoro? Luca Telese, inoltre, è uno dei pochi giornalisti che ha saputo mantenere la sua dignità al «Giornale», un quotidiano che l'ha fatta perdere quasi a tutti gli altri. Luca è l'unico che non si è sputtanato a scrivere sul «Giornale».

Petruccioli e Annunziata?

Piuttosto che Petruccioli, chiunque. È persino meglio l'Annunziata, che almeno ha fatto una cosa.

Ha fatto scappare Berlusconi?

No, quella storia dell'intervista a Berlusconi non mi è piaciuta, secondo me era un'inutile aggressione pre-elettorale. È come quando Floris ha fatto il culo a Mastella.

Parli tu che fai Annozero*?*

Ad *Annozero* abbiamo sempre fatto il culo a tutti. Se non lo fai a uno solo, che tra l'altro è l'anello più debole della catena, diventi sospetto.

Che cos'è allora che ha fatto di buono l'Annunziata?

Si è dimessa da presidente della Rai. Petruccioli avrebbe dovuto dimettersi da sempre e non l'ha mai fatto. Sta lavorando per la riconferma e ha ottime chances. In fondo perché spostarlo? Ha mai dato fastidio? No. E poi l'ha nominato Berlusconi su consiglio di Confalonieri.

D'Alema o Berlusconi?

Butto D'Alema, perché senza di lui Berlusconi è spacciato. Cade D'Alema e viene giù anche Berlusconi. Gli viene a mancare il massimo difensore.

Forleo o De Magistris?

Fanno mestieri diversi, uno è pm l'altra è gip, uno è maschio, l'altra è femmina, uno è più prudente l'altra è una kamikaze. Però sono gemelli per le cose che hanno fatto, hanno toccato destra e sinistra contemporaneamente, non si sono lasciati impiccare in silenzio, e non hanno coperture correntizie alle spalle. È impossibile scegliere. Vanno preservati tutti e due: di magistrati liberi ce ne sono sempre di meno.

Sono antropologicamente diversi dalla razza umana?

Forleo e De Magistris sì. Da dieci anni a questa parte è chiaro quello che un giudice non deve fare se vuole vivere sereno e quello che deve fare per fare carriera, avere applausi, onorificenze, consulenze, premi, complimenti. Se ancora se ne trova qualcuno disposto a fare esattamente il contrario, ha ragione Berlusconi: quello è antropologicamente diverso. Dopo anni che ti dicono che i marocchini li devi condannare anche senza prove, mentre i potenti li devi assolvere anche con le prove, la Forleo ha fatto esattamente il contrario. E De Magistris? Pure il Csm gli aveva fatto capire che doveva piantarla...

Perché la mano dura contro Forleo e De Magistris?

È un *input* politico che il Csm ha eseguito. Da Napolitano a tutto il Parlamento, l'ordine che è arrivato a Palazzo dei Marescialli era chiaro: punire De Magistris e Forleo perché, via loro, tutti gli altri staranno più accorti. Colpirne due per educarli tutti. E purtroppo la corporazione si è appecoronata al diktat politico. Un metodo diverso da quello che usava Berlusconi. Berlusconi attaccava frontalmente i magistrati, e quelli si compattavano. Se avesse cercato di comprarseli, portando i capi corrente al ministero, facendo gli inciuci, avrebbe centrato l'obiettivo. Mastella ha usato questo metodo, tenendo al ministero tutti i giudici che aveva preso Berlusconi e aggiungendoci quelli delle correnti di sinistra, e ha narcotizzato la magistratura.

Quindi di magistrati antropologicamente diversi ce ne sono.

Ma sempre di meno. Io credo che il caso Forleo e il caso De Magistris peseranno tantissimo nei prossimi anni. Hai tutta la politica contro, hai la tua corporazione contro, perfino l'associazione magistrati – che dovrebbe essere il sindacato dei magistrati – si è schierata dalla parte dei politici. I procuratori capo e generale tolgono le inchieste a De Magistris e il Csm punisce lui. Poi il Csm va a sindacare il merito di un'ordinanza della Forleo. E nessuno dice niente. Ma chi glielo farà fare, in futuro, ad altri magistrati di toccare i poteri forti? La stessa cosa è accaduta in casa nostra: se non abbiamo fatto un minuto di sciopero quando hanno cacciato Enzo Biagi dalla Rai, che speranza abbiamo noi giornalisti? Infatti, oggi, della libertà d'informazione si occupa Beppe Grillo. Un comico.

Indice dei nomi

Indice

Prossime uscite:

CSF INTERVISTA DOLCE&GABBANA

CSF INTERVISTA ALESSANDRA MUSSOLINI

CSF INTERVISTA ANTONIO RICCI

CSF INTERVISTA CLAUDIO AMENDOLA

Questa parte di albero
è diventata libro
sotto i moderni torchi
di Grafica Veneta, Trebaseleghe (PD)
nel mese di maggio 2008.
Possa un giorno
dopo aver compiuto il suo ciclo
presso gli uomini desiderosi di conoscenza
ritornare alla terra
e diventare nuovo albero.